クイズで攻略!
TOEIC®テスト
ボキャブラリー

岡裏佳幸　岡裏浩美

TOEIC is a registered trademark of Educational Testing Service (ETS).
This publication is not endorsed or approved by ETS.

南雲堂

まえがき

　本書『クイズで攻略 TOEIC® ボキャブラリー』は、TOEIC® (Test of English for International Communication) に出題される重要な単語やフレーズを学習するための教材です。200 のクイズを通して、約 1,800 の単語やフレーズを学習できるように編まれています。1 問ずつクイズを解いて、解答をチェックした後は、必ず解説に目を通してください。解説では、クイズの選択肢に用いられている語句以外にも、重要な関連語句を扱っています。解説を読みながら、何度も発音したり、筆写したりすることによって、確実に習得してください。

　本書を作成するにあたって、『TOEIC® テスト新公式問題集』(国際ビジネスコミュニケーション協会) など、市販の模擬問題をデータとして、TOEIC® によく出題される語句、受験者の盲点となる語句を抽出し、問題を作成しました。大学生にとってはあまり馴染みのないビジネスに関する表現も、数多く取り上げています。

　最後になりましたが、本書の出版を快諾してくださった株式会社南雲堂の南雲一範代表取締役社長、編集作業においてご尽力頂いた青木泰祐取締役編集部長、ジム・クヌーセン氏をはじめ編集部の皆様に、心より感謝申し上げます。また、学習者の立場で原稿に目を通してくれた田中裕梨さんと河野大樹くん、ありがとうございました。

　本書が、皆さんの TOEIC® のスコアアップ、真の英語力アップにお役に立てることを願っています。

2009 年 6 月　　著　者

Q1 「交通渋滞にもかかわらず、我々は販売会議に間に合った」を英語でいうと、

(　　　　) the traffic jam, we were in time for the sales meeting. である。

(a) However
(b) In spite of
(c) Though

Q2 「当社はより安価な代替エネルギー源の開発に成功するだろう」を英語でいうと、

Our company will (　　　　　　) the development of a cheaper alternative-energy source. である。

(a) succeed in
(b) success
(c) successfully

解答・解説

Q 1 (b) in spite of

(b) in spite of 〜は「〜にもかかわらず」という意味の前置詞句。文ではなく句を伴う。despite 〜、regardless of 〜も同義で、句を伴う。

(a) however は副詞で「しかしながら」という意味。文頭、文中、文尾で用いられる。接続詞の働きはない。

(c) though は接続詞の場合「〜であるが」の意味で、文を伴い、although と同じ。副詞の場合「しかしながら」の意味で however と同義。

traffic jam は「交通渋滞」。traffic backup、heavy traffic も同義。

in time for 〜は「〜に間に合って」。

Q 2 (a) succeed in

(a) succeed in 〜は「〜に成功する」。succeed in business は「ビジネスに成功する」。

(b) success は名詞で「成功」の意味。A global vision is vital to your success in business. は「グローバルな視点がビジネスで成功するためには極めて重要である」という意味。形容詞は successful。success「成功」+ -ful「性質がある」で「成功した」。Our lastest public relations project proved successful. は「最近の広報活動プロジェクトは成功した」。

(c) successfully は副詞で「首尾よく、うまく」という意味。alternative は、名詞では「選択肢、二者択一、代替品」、形容詞では「代わりの、選択的な」の意味。

Q 3「人口の急増に直面している発展途上国が多い」を英語でいうと、

Many (　　　　　) countries are faced with a rapid population increase. である。

(a) developed
(b) developer
(c) developing

Q 4「我が社は、経理部の従業員数名を一時解雇しなければならない」を英語でいうと、

Our company has to lay off several members of the (　　　　　) department. である。

(a) account
(b) accountant
(c) accounting

解答・解説

Q 3 (c) developing

(c) developing country は「発展途上国、新興国」のこと。

(a) developed country は「先進国」。

(b) developer は名詞。develop「発展させる、開発する」+ -er「～する者、物」で、「宅地開発業者、開発者」。ここでの increase は名詞で「増加、上昇、増大」。動詞では「増加する、～を増やす」の意味。反義語の decrease は名詞で「減少」のこと。reduction と同義。なお、動詞の decrease は「減少する、～を減らす」。population increase は「人口の増加」。increase in population、growth in population ともいう。また、「人口の減少」は decrease in population、decline in population などがある。

Q 4 (c) accounting

(c) accounting は「会計、会計学、経理」の意味であり、the accounting department で「経理部」となる。accounting firm は「会計事務所」。firm of accountants ともいう。ちなみに、the finance department も「経理部、財務部」の意味で用いられる。

(a) account は「預金口座」のこと。

(b) accountant は「会計士」の意味。certified public accountant は「公認会計士（CPA）」のこと。
lay off ～は「～を一時解雇する」。

Q 5 「経済上の理由で、私は大学進学をあきらめなければならなかった」を英語でいうと、
(　　　　　　) financial reasons, I had to give up going on to university. である。

(a) As of
(b) By way of
(c) For

Q 6 「私はまだ前回の会議の議事録に目を通していない」を英語でいうと、
I haven't looked over the (　　　　　　) of the last meeting yet. である。

(a) agenda
(b) item
(c) minutes

解答・解説

Q 5 (c) For

(c) for 〜は「〜が原因で、〜のために」という意味で句を伴う。because of 〜、owing to 〜も同義。

(a) as of 〜「〜の時点で、〜現在で」の意味。as of now は「現在のところ」という意味で、at present や right now も同義。

(b) by way of 〜は「〜経由で、〜として」。fly to Chicago by way of San Francisco は「サンフランシスコ経由でシカゴに飛ぶ」。fly to Chicago via San Francisco ともいう。
financial は「経済的な、財政上の」の意味。
give up doing は「〜するのをあきらめる」の意味。動名詞を目的語にとるが、不定詞を目的語にとることはできない。
go on to university は「大学に進学する」。

Q 6 (c) minutes

(c) ここでの minutes は「議事録、詳細」の意味。

(a) agenda は「(会議の) 議題、協議事項」のこと。

(b) item は「項目、品目、(新聞記事などの) 1項目」の意味。the first item on the agenda は「最初の議題」。
look over は「(書類・本などに) ざっと目を通す」という意味で、look through、go over も同義。

Q 7「我々のツアーの詳細な旅程表をできるだけ早くお知らせください」を英語でいうと、

Please let us know the detailed (　　　　) of our tour as soon as possible. である。

(a) boarding
(b) brochure
(c) itinerary

Q 8「製品に関するより詳細な情報については、001-0001-0001までご連絡ください」を英語でいうと、

For (　　　　) information about our products, please contact us at 001-0001-0001. である。

(a) further
(b) occupational
(c) official

解答・解説

Q 7 (c) itinerary

(c) itinerary は「旅程、旅程表」。I'm preparing an itinerary for my trip.「私は旅程表を準備している」。

(a) boarding は「搭乗」。boarding pass は「搭乗券」のこと。boarding card、boarding ticket ともいう。boarding gate は「搭乗ゲート、搭乗口」のこと。check-in は「搭乗手続き」のことで、boarding procedures、boarding formalities ともいう。

(b) brochure は「パンフレット、冊子」で、pamphlet よりも一般的。

Q 8 (a) further

(a) further は「さらなる、それ以上の」という意味。further information は「さらなる情報、より詳しい情報」のこと。additional information、more detailed information ともいう。additional は「追加の」、detailed は「詳細な、詳しい」という意味。

(b) occupational は「職業上の、職業に関する」という意味の形容詞。名詞は occupation で「職業」。

(c) official は形容詞で「公式の」。

Q 9 「2年間の保証書付の液晶テレビをオンラインで買った」を英語でいうと、
I bought an LCD television with a two-year (　　　　) online. である。

(a) security
(b) treatment
(c) warranty

Q 10 「天気予報によると、午後は大雪になるようである」を英語でいうと、
According to the weather (　　　　), it is going to snow heavily this afternoon. である。

(a) bureau
(b) forecast
(c) satellite

解答・解説

Q 9　(c) warranty

(c) warranty は「保証書、保証」。guarantee と同義。warranty on は「〜の保証、保証書」。under warranty は「保証期間中である」という意味。

(a) security は「安全、保障、防衛」。security measure は「安全対策」。security company は「警備会社」。

(b) treatment は「治療、処置、取り扱い」。
two-year warranty のように、名詞の直前に置かれる「数詞＋名詞」において、数詞が 2 以上でも名詞は単数形であるため、two-years warranty とはならない。
LCD television は「液晶テレビ」。liquid crystal display television のこと。
ここでの online は副詞で「オンラインで」。

Q 10　(b) forecast

(b) weather forecast は「天気予報」のこと。weather report、weather information ともいう。

(a) weather bureau は「(米国の) 気象局」。Meteorological Agency は「(日本の) 気象庁」。bureau には「(官庁の) 局」の他に、複合語として「事務所、案内所」の意味がある。たとえば、travel bureau は「旅行案内所」、the Federal Bureau of Investigation は「連邦捜査局」、FBI のこと。なお、bureaucracy は「官僚、官僚主義」である。

(c) weather satellite は「気象衛星」。artificial satellite は「人工衛星」のこと。
according to 〜は「〜によれば、〜の話では、〜に従って」。

Q 11 「ABC 社の年次報告書の翻訳には多くの誤りがあった」を英語でいうと、
The ( ) of ABC company's annual report contained a lot of errors. である。

(a) translation
(b) transmission
(c) transportation

Q 12 「部長は来週、環境アセスメントに関するプレゼンテーションをする予定である」を英語でいうと、
The general manager will ( ) a presentation on environmental assessment next week. である。

(a) attend
(b) continue
(c) deliver

解答・解説

Q. 11 (a) translation

(a) translation は「翻訳」。動詞は translate で「翻訳する」。translator は「翻訳家」のこと。

(b) transmission は「伝達、送信」。動詞は transmit で「〜を伝達する、送信する」。-mit には「送る」の意味がある。

(c) transportation は「輸送、輸送機関」。public transportation は「公共交通機関」のこと。動詞は transport で「運ぶ」の意味。trans-「別の場所へ」＋-port「運ぶ」。ちなみに、import は「輸入；輸入する」、export は「輸出；輸出する」のこと。

annual report は「年次報告書」。

Q. 12 (c) deliver

(c) deliver a presentation は「プレゼンテーションをする」。give a presentation、make a presentation ともいう。give [make] a presentation to A on B は「A に対して B についてプレゼンテーションする」。

(a) attend は他動詞で「〜に出席する」。前置詞は不要。attend a presentation は「プレゼンテーションに出席する」。

(b) continue は「続ける」。
general manager は「部長、総支配人」。director ともいう。
assessment は「査定、評価」のこと。environmental assessment は「環境アセスメント」。動詞は assess で「評価する、見積もる」。

Q.13 「今四半期の国内売上高は前四半期より２％増加する見込みである」を英語でいうと、

The (　　　　　　) sales figures for the current quarter are likely to increase by 2 % compared with those for the previous quarter. である。

(a) domestic
(b) donation
(c) dormitory

Q.14 「利用者の意見をモニターするための、より経済的な方法を提案することを真剣に考えなければならない」を英語でいうと、

We have to seriously think about coming up with a more (　　　　　　) method of monitoring user opinion. である。

(a) economic
(b) economical
(c) economy

解答・解説

Q.13 (a) domestic

(a) domestic sales figures は「国内売上高」。domestic sales ともいう。形容詞の domestic は「国内の、家庭内の」という意味。反義語は overseas または foreign で「海外の、国外の」。また、domestic violence は「家庭内暴力」のこと。

(b) donation は「寄付、献金」。「A を B に寄付する」は make a donation of A to B または donate A to B という。

(c) dormitory は「(大学などの) 寮」のこと。
形容詞の current は「最新の、現在の」。the current issue は「(雑誌などの) 最新号」のこと。the latest issue ともいう。the latest は「最新の」。
previous は「以前の、前の」、quarter は「4 分の 1、四半期」。fiscal quarter は「会計四半期」のこと。quarterly は「四半期の、年 4 回の；3 ヵ月ごとに」。
compared with ~ は「~と比較すると、比べて」。

Q.14 (b) economical

(b) economical は形容詞で「経済的な、節約になる」。economical shopper は「買い物上手な客」のこと。

(a) economic は「経済の、経済上の」の意味の形容詞。economic policy は「経済政策」。
ちなみに、economics は「経済学」のこと。

(c) economy は名詞で「経済、節約」。
come up with ~ は「(意見・考えなどを) 出す、提案する」。
monitor は「チェックする、監視する」。

Q. 15 「私は夫の普通預金口座に送金したい」を英語でいうと、
I would like to transfer some money into my husband's (　　　　). である。

(a) bank account
(b) checking account
(c) savings account

Q. 16 「最近、高価な電化製品がよく売れる」を英語でいうと、
These days (　　　　) electric appliances sell well. である。

(a) exclusive
(b) expensive
(c) extensive

解答・解説

Q 15 (c) savings account

(c) savings account は「普通預金口座」である。
(a) bank account は「銀行口座」。banking account ともいう。
(b) checking account は小切手などの支払い資金として預け入れる「当座預金口座」。
   transfer money は「送金する、振り込む」。money transfer は「送金、振替」。bank transfer は「銀行振込み」。

Q 16 (b) expensive

(b) expensive は「高価な、(値段が)高い」。costly も同義である。反義語は inexpensive で「安い」。
(a) exclusive は形容詞で「排他的な、唯一の、独占的な、高級な」。動詞の exclude は、ex-「外に」＋-clude「閉め出す」で「〜を排除する、追放する」。exclude A from B は「A を B から排除する、追放する」。形容詞の exclusive は exclude ＋-ive「〜の性質を持つ」であるから、原義は「(他を)外に閉め出すような性質の」。exclusive agreement は「独占契約」、exclusive hotel は「高級ホテル」のこと。
(c) extensive は「広範囲に及ぶ、大規模な」という意味。accept [get; receive] an extensive order は「大量注文を受注する」。accept [get; receive] an order は「受注する、注文を受ける」。

Q.17 「市道の道路標識がなくなっているのを見つけたら、ご連絡ください」を英語でいうと
If you see a traffic (　　　　) missing on a city street, please contact us. である。

(a) sight
(b) sign
(c) signature

Q.18 「私達は 10 時に目的地に到着することになっている」を英語でいうと、
We are supposed to (　　　　) our destination at 10 o'clock. である。

(a) arrive
(b) get to
(c) reach to

解答・解説

Q 17 (b) sign

(b) traffic sign は「道路標識、交通標識」。sign には「記号、符号、標識」の意味がある。動詞では「サインする、署名する」の意味。sign up for 〜は「〜に申し込む」。

(a) sight は「光景、視界、見ること」。at the sight of 〜は「〜を見て」。

(c) signature「署名、サイン」。Put your signature on the application.は「申込用紙に署名してください」という意味。put one's signature の他に、write one's signature も「署名する」の意味。Make sure your signature is on the check. は「小切手に署名があることを確かめてください」。missing は「〜がない、紛失中の、行方不明の」。

Q 18 (b) get to

(b) get to 〜は「〜に到着する」。

(a) arrive は「到着する」という意味の自動詞。到着場所には at や in が必要。arrive at our destination で「目的地に到着する」。

(c) reach は他動詞で「〜に到着する」。前置詞は不要。reach our destination も「目的地に到着する」。

be supposed to do は「〜することになっている」という意味の他に、「〜しなければならない」という義務を表すこともできる。また、be supposed to be は「〜であると思われている」。

destination は「目的地、行き先」。

Q 19 「アメリカ合衆国は移民とアメリカ国民の配偶者で外国生まれの者にグリーンカードを発行している」を英語でいうと、

The United States of America issues green cards to (　　　　) and the foreign-born spouses of U.S. citizens. である。

(a) immigrants
(b) immigration
(c) refugee

Q 20 「年次総会の予定を変更することはできない」を英語でいうと、

It is impossible for us to (　　　　) our annual general meeting. である。

(a) recommend
(b) repair
(c) reschedule

解答・解説

Q.19 (a) immigrants

(a) immigrants は「移民」。

(b) immigration は「移住」。immigration office は「移民局」の意味。

(c) refugee は「難民」。

issue は「～を発行する」の意味。green card は「グリーンカード、米国永住許可証書」のこと。

spouse は「配偶者」。

citizen は「国民、市民」。citizenship は「市民権」のこと。

Q.20 (c) reschedule

(c) reschedule は「(会議・約束などの) 予定を変更する」という意味の他動詞。reschedule A for B は「A の予定を B に変更する」。

(a) recommend は「推薦する、勧める」という意味。recommend A to B は「A を B に勧める」、recommend doing は「～することを勧める」。recommend to do とはならない。また、recommend that ～は「～することを勧める」。名詞の recommendation は「推薦、推薦状」のこと。「推薦状」は letter of recommendation ともいう。

(b) repair は「～を修理する、修繕する」の意味。mend も同義。

Q.21 「予約購読料を今月末までにお支払いください」を英語でいうと、
Please pay your (　　　　　) by the end of this month. である。

(a) subscribe
(b) subscriber
(c) subscription

Q.22 「コールセンターの社員が顧客からの問い合わせを処理している」を英語でいうと、
The staff at our call center (　　　　　) inquiries from customers. である。

(a) check with
(b) deal with
(c) do away with

解答・解説

Q 21 (c) subscription

(c) subscription は「予約購読料、購読」という意味。pay a subscription は「予約購読料を支払う」。

(a) subscribe は動詞で、sub-「下に」＋-scribe「書く」が原義。subscribe to ～で「～を定期購読する」の意味である。subscribe to the *Daily Yomiuri* は「デイリー・ヨミウリ紙を定期購読する」。

(b) subscriber は「購読者」。
pay は「支払う」という意味で、make a payment と同義。pay $100 は「100 ドルを支払う」の意味で、make a payment of $100 ともいう。また、make a down payment on ～は「～の頭金を支払う」という意味。down payment は「頭金」。
前置詞の by は「～までに」という期限を表す。

Q 22 (b) deal with

(b) deal with ～は「～を扱う、処理する」。cope with ～や handle ～も同義。

(a) check with は「～相談する、問い合わせる」。I'll check with my boss immediately. は「すぐに上司に相談してみます」という意味。

(c) do away with ～は「～を処分する、捨てる、廃止する」の意味で、abolish と同義。
staff は「スタッフ、社員」の意味で、通例、単数形で用いられ、単数扱いにも複数扱いにもなる。
inquiry は名詞で「問い合わせ、質問、照会」のこと。enquiry も同義。

Q.23 「その司会者は聴衆からの難しい質問への対処方法を心得ていた」を英語でいうと、

The master of ceremonies knows how to handle (　　　　) questions from an audience. である。

(a) cough
(b) tight
(c) tough

Q.24 「会議室は現在使用中です」を英語でいうと、

The conference room is (　　　　) right now. である。

(a) occupied
(b) offered
(c) ordered

解答・解説

Q. 23 (c) tough

(c) tough は形容詞で「難しい、頑丈な、丈夫な」の意味。

(a) cough は「咳、咳をする」。

(b) tight は形容詞で「(スケジュールが) 詰まった、(服が) きつい」。tight schedule は「過密スケジュール」。

master of ceremonies は「司会者」のことで、M.C.ともいう。

audience は名詞で「聴衆、観客」。

handle は動詞の場合「(問題などを) 扱う、解決する」の意味。This problem is too complicated for me to handle.は「この問題はあまりにも複雑で私には対処できない」という意味。

Q. 24 (a) occupied

(a) occupied は形容詞で「ふさがった、人がいる、使用中の」。The fitting room is occupied.は「試着室は使用中である」。fitting room は「試着室」。

(b) offer は「〜を提供する、申し出る」。Our firm can offer you an excellent position.は「我が社はあなたにすばらしい職を提供することができます」という意味。position は「職、地位」のこと。

(c) order は「注文する」。

conference room は「会議室」のこと。

conference は「会議、協議」の意味。press conference といえば「記者会見」のこと。ちなみに、convention は「代表者会議、大会」である。

Q.25 「東京駅に顧客を車で迎えに行ってください」を英語でいうと、
Please (　　　　　) the client at Tokyo Station. である。

(a) make up
(b) pick up
(c) turn up

Q.26 「私のいとこは広告代理店に勤めている」を英語でいうと、
My cousin (　　　　　) an advertising agency. である。

(a) works as
(b) works for
(c) works on

解答・解説

Q 25 (b) pick up

(b) pick up は「~を（車で）迎えに行く、~を拾い上げる」という意味。

(a) make up は「化粧する」。また、make up for は「（損失などを）埋め合わせる」という意味で compensate for と同義。さらに、A be made up of B は「A（全体）が B（部分）から成り立っている」の意味。たとえば、The sales department is mainly made up of female employees. は「営業部は大部分が女性社員で構成されている」。

(c) turn up は「姿を見せる」という意味で、show up、appear と同義の表現。

Q 26 (b) works for

(b) work for ~は「~に勤める」。work at も同義。My brother works at [for] a law firm. は「私の兄は法律事務所に勤めている」という意味。

(a) work as ~は「~として働く」。He worked as a car salesman. は「彼は自動車のセールスマンをしていた」。

(c) work on ~は「（課題・問題などに）取り組む」。
また、動詞の work には「（機械などが）機能する、作動する」という意味がある。
advertising agency は「広告代理店」。advertisement は名詞で「広告」。ad ともいう。

Q 27 「明日、担当者が課長に報告書を提出します」を英語でいうと、
The person in charge will (　　　　) a report to the section chief tomorrow. である。

(a) forward
(b) submit
(c) transfer

Q 28 「どうぞ遠慮なく連絡して下さい」を英語でいうと、
Please don't (　　　　) to contact us. である。

(a) be willing
(b) feel free
(c) hesitate

解答・解説

Q 27 (b) submit

(b) submit は「〜を提出する」。hand in と同義である。名詞は submission で「提出」の意味。

(a) forward は「(メール・郵便物などを) 転送する」という意味。Please forward this e-mail to the person in charge. は「このEメールを担当者に転送してください」。

(c) transfer は自動詞の場合は「乗り換える」、他動詞の場合は「〜を移す、異動させる」という意味。be transferred to 〜で「〜に転勤になる」。
the person in charge は「担当者、責任者」。
section chief は「課長」。department head ともいう。

Q 28 (c) hesitate

(c) hesitate は「ためらう、躊躇する」という意味で、不定詞を伴うことができる。

(a) be willing to do は「すすんで〜する、喜んで〜する」。例えば、I am willing to help you. は「喜んでお手伝い致しましょう」という意味。

(b) feel free to do は「気軽に〜する、自由に〜する」。したがって、Please don't hesitate to contact us. は Feel free to contact us. と表現することができる。
contact 〜は他動詞で「〜に連絡する」。なお、名詞の contact は「連絡、接触」の意味。make contact with 〜で「〜に連絡する」。

Q 29　「両社は最終的に合併の条件に合意した」を英語でいうと、

The two companies finally reached agreement on the terms of the (　　　). である。

(a) management
(b) merger
(c) mortgage

Q 30　「「関係者各位」という句は通例、ビジネスレターの冒頭で使われることが多い」を英語でいうと、

The phrase "To whom it may (　　　)" is often used to start a business letter. である。

(a) concern
(b) consent
(c) consider

解答・解説

Q. 29 (b) merger

(b) merger は「合併」。M & A は mergers and acquisitions、すなわち「吸収合併」のこと。announce a merger は「合併を発表する」の意味。

(a) management は「経営、マネージメント、管理者、経営者、管理」。動詞は manage で「経営する、管理する」。manager は「経営者、支配人、部長」。

(c) mortgage は「住宅ローン、担保」のこと。take out a mortgage は「住宅ローンを借りる」という意味。
terms には「条件」の他に、「専門用語」の意味がある。また、単数形の term は「学期、期間」の意味で用いられる。term paper は「学期末レポート」のこと。

Q. 30 (a) concern

(a) concern は動詞の場合「〜に関係する、懸念・心配する」。名詞の場合「懸念、心配」の意味。
be concerned about は「〜を心配する、〜に懸念を抱く」で、be worried about と同義。be concerned with は「(書物・記事などが) 〜を扱っている」。

(b) consent は名詞の場合「承諾、承認、同意」の意味。動詞の場合、consent to で「〜に同意する、〜を承諾する」。

(c) consider は「〜をよく考える、熟考する」。consider doing で「〜することを検討する」の意味。不定詞を目的語にとらない。また、consider A as B で「A を B とみなす」。名詞は consideration で「考慮、よく考えること」。
To whom it may concern は「関係者各位」。

Q 31「ご注文商品の発送が遅れたことを心よりお詫び致します」を英語でいうと、
We sincerely (　　　　　) for the delay in the shipment of the goods you ordered. である。

(a) apologize
(b) appreciate
(c) approach

Q 32「中国に対する日本の貿易赤字は70％減少し、約750億円となった」を英語でいうと、
Japan's trade (　　　　　) with China fell 70% to about 75 billion yen. である。

(a) barrier
(b) deficit
(c) surplus

解答・解説

Q 31 (a) apologize

(a) apologize for ～は「～をわびる、謝罪する」。apologize to A for B で「A に B のことをわびる、謝罪する」。名詞は apology で「謝罪、お詫び」。

(b) appreciate ～は「～に感謝する」。We would appreciate it if you would reply to this e-mail right away.「この E メールにすぐにご返信いただければ幸いです」の意味。名詞は appreciation で「感謝」。

(c) approach は「～に近づく」という意味の他動詞。approach to とはならない。The typhoon approached our town. は「台風が町に接近した」。

order は重要多義語。まず、動詞の場合 order A to do は「A に～するように命令する」という意味。order A は「A を注文する」。注文先を明示する場合は、order A from B で「A を B に注文する」の意味。次に、名詞の order は「注文品」の意味で、可算名詞として用いられることが多い。不可算名詞では「順序、正常な状態」など。out of order は「故障して、故障中で」という意味。

Q 32 (b) deficit

(b) trade deficit は「貿易赤字」。deficit は「赤字、不足」のこと。cumulative deficit は「累積赤字」。

(a) trade barrier は「貿易障壁」。

(c) trade surplus は「貿易黒字」。surplus は「黒字、余剰金、超過」のこと。capital surplus は「資本余剰金」。

Q 33「ご協力ありがとうございました」を英語でいうと、
Thank you for your (　　　). である。

(a) compensation
(b) contamination
(c) cooperation

Q 34「冷蔵庫にあるものは何でも召し上がってください」を英語でいうと、
(　　　) to anything in the refrigerator. である。

(a) Devote yourself
(b) Help yourself
(c) Make yourself

解答・解説

Q 33 (c) cooperation

(c) cooperation は「協力」。in cooperation with ～は「～と協力して」。動詞は cooperate で「協力する」。Thank you for cooperating. も「ご協力ありがとうございました」の意味。cooperate with ～は「～と協力する」。

(a) compensation は「賠償、償い、給与」の意味。動詞は compensate で「賠償をする、埋め合わせをする」。

(b) contamination は「汚染」。pollution と同義。動詞はそれぞれ contaminate、pollute で「～を汚染する」。

Q 34 (b) Help yourself

(b) help oneself to ～で「(飲食物を) 自分で取って食べる、飲む」。他に、help を用いた表現に cannot help doing があり、「～せざるをえない」の意味。cannot help but do も同義。この場合の help は「避ける」という意味であることに注意。また、May I help you? は「何かお探しですか、何にいたしますか、いらっしゃいませ」の意味で用いられる。

(a) devote oneself to ～は「～に専念する、～に取り組む」。commit oneself to ～、give oneself to ～と同義。

(c) make oneself at home で「くつろぐ」の意味。Please make yourself at home は「どうぞくつろいでください」。

Q.35 「この食料品店では表示されているすべての値段に消費税が含まれている」を英語でいうと、
All prices displayed in this grocery store (　　　) consumption tax. である。

(a) exclude
(b) exist
(c) include

Q.36 「機密情報を送付する前には、必ず安全に保護されていることを確認してください」を英語でいうと、
Before sending any (　　　) information, make sure that it is well protected. である。

(a) confidential
(b) customer
(c) personal

解答・解説

Q 35 (c) include

(c) include ～は「～を含む」。including は「～を含んで、～をはじめとして」。

(a) exclude は「～を除外する」。excluding ～は「～を除いて」の意味で、except ～、with the exception of ～ と同義。

(b) exist は「存在する」。existing は形容詞で「現行の、現存の」という意味。the existing law は「現行の法律」。

consumption tax は「消費税」のこと。sales tax は「売上税」

grocery store は「食料品店」。

Q 36 (a) confidential

(a) confidential は形容詞で「秘密の、機密の、親展の」。information は不可算名詞で「情報」。

(b) customer は「顧客」。customer information は「顧客情報」の意味。customer survey は「顧客調査」。

(c) personal は「個人の（手紙などの）親展」。personal information は「個人情報」。また、personal belongings は「所持品、私物」。personal history は「履歴、自分史」の意味。

make sure that ～は「～であることを確かめる、必ず～のようにする」。

Q 37 「新しい実地訓練プログラムの目的は、工場労働者たちに収入を得ながら学ぶ機会を与えることである」を英語でいうと、

The (　　　　) of the new on-the-job training program is to give factory workers a chance to learn while earning. である。

(a) detective
(b) objective
(c) subjective

Q 38 「このレストランは高級料理を出す」を英語でいうと、

This restaurant (　　　　) haute cuisine. である。

(a) selects
(b) serves
(c) settles

解答・解説

Q 37 (b) objective

(b) objective は名詞の場合「目的、目標」の意味で、purpose、goal と同義。形容詞の場合は「客観的な」。objectivity は「客観性」のこと。

(a) detective は名詞で「探偵、刑事」。

(c) subjective は形容詞で「主観的な」。subjectivity は「主観性」。

on-the-job training は「実地訓練」のことで、OJT ともいう。

factory worker は「工場労働者」。plant worker も同義。

earn は「稼ぐ」。

Q 38 (b) serves

(b) serve は「食事を出す」という意味。They serve haute cuisine at this restaurant. ともいう。他に、serve には「接客する」の意味もあり、Are you being served? は「ご用を承っていますか」。

(a) select は「(多くのものから) 選び出す、選択する」。名詞は selection で「選択、厳選品、品揃え」の意味がある。have a good selection of antiques は「骨董品の品揃えが良い」という意味。antiques は「骨董品」。

(c) settle は「(問題などを) 解決する」。The matter was finally settled. は「その問題はようやく解決した」という意味。

haute cuisine [out kwizíːn] は「高級料理」。cuisine は「料理」。

Q.39 「校長は生徒や保護者からの苦情を減らすために、対策を講じなければならない」を英語でいうと、
The principal has to (　　　　　　) to reduce complaints from students and parents. である。

(a) take effect
(b) take measures
(c) take turns

Q.40 「正社員の多くが不景気による一時解雇を恐れている」を英語でいうと、
Many (　　　　　) employees are afraid of layoffs because of the recession. である。

(a) contract
(b) permanent
(c) temporary

解答・解説

Q 39 (b) take measures

(b) take measures は「対策を講じる」。名詞の measures には「措置、対策、手段」の意味がある。take drastic measures は「抜本的な対策を講じる」。drastic は形容詞で「徹底的な、思いきった、極端な」の意味。

(a) take effect は「（法律・規則などが）発効する」。in effect は「（法律・規則などが）有効な」という意味で、effective と同義。なお、in effect には「実際には」の意味もある。

(c) take turns は「交替でする」。Let's take turns at [in] driving. は「交替で運転しよう」。

principal は名詞の場合「校長」の意味。他に、「元本、元金」の意味もある。

complaint は名詞で「不満、苦情、クレーム」。動詞は complain で「不平・不満を言う」。

Q 40 (b) permanent

(b) permanent employee は「正社員」。full-time worker ともいう。permanent employment は「終身雇用」のこと。

(a) contract employee は「契約社員」。

(c) temporary employee は「派遣社員」。形容詞の temporary は「一時的な、臨時の、仮の」。

ちなみに、part-time worker は「非常勤労働者、パートタイマー」。

名詞の layoff は「一時解雇、レイオフ」。lay off 〜「〜を一時解雇する」。

recession は「（一時的な）景気後退、不景気、不況」。

Q 41 「この文書には投資信託に関する規則が概説されている」を英語でいうと、

This document outlines the rules and regulations (　　　　　) investment trust. である。

(a) regarding
(b) regardless of
(c) regards

Q 42 「今夜ホテルに空室があるかどうか、電話して確かめて下さい」を英語でいうと、

Please call and see if the hotel has a (　　　　　) tonight. である。

(a) vacancy
(b) violation
(c) vocation

解答・解説

Q. 41 (a) **regarding**

(a) regarding 〜は「〜に関して」の意味で、about 〜、concerning 〜、with regard to 〜、in reference to 〜、with reference to 〜と同義。

(b) regardless of 〜は「〜にもかかわらず」の意味で、in spite of 〜と同義。

(c) as regards とすれば、regarding 〜、as far as 〜 be concerned と同義で「〜に関して」。
document は「書類、文書」。rules and regulations は「規則、規定」。investment trust は「投資信託」。

Q. 42 (a) **vacancy**

(a) vacancy は名詞で「空き」の意味。形容詞は vacant で「空の、空席の」。

(b) violation は名詞で「違反」。動詞は violate で「違反する」の意味。

(c) vocation は名詞で「職業」。形容詞は vocational で「職業上の」。
call は「電話する」。see if は「〜かどうか確かめる」

Q 43 「地球の未来は、環境に対する意識の向上にかかっている」を英語でいうと、

The future of the earth will (　　　　) our growing awareness of the environment. である。

(a) depend on
(b) put on
(c) reflect on

Q 44 「その通販会社は見込み客に関する調査を行った」を英語でいうと、

The mail-order company conducted research into (　　　　) customers. である。

(a) perspective
(b) prospective
(c) respective

解答・解説

Q. 43 (a) depend on

(a) depend on は「〜に頼る、〜を当てにする、〜次第である」。

(b) put on は「〜を身につける、着る」という意味で動作を表す。「身につけている、着ている」という状態を表す場合は wear であるが、TOEIC では be wearing の形式で用いられることが多い。She is wearing a black dress.「彼女は黒いドレスを着ている」。

(c) reflect on 〜は「〜を熟考する」。
growing は形容詞で「増加する、大きくなる、ますます多くの」。

Q. 44 (b) prospective

(b) prospective は形容詞で「予想される、見込みのある、期待される」。prospective customer は「見込み客」の意味で potential customer も同義。

(a) perspective は名詞で「視点、見方、展望」。

(c) respective は形容詞で「それぞれの、各自の」という意味。通例、複数名詞を伴う。副詞は respectively で「それぞれ、各々で」。
mail-order company は「通販会社」。
conduct research は「研究を行う」。pursue research、carry out research も同義。

47

Q 45 「上司は部下の面倒をみるべきである」を英語でいうと、Supervisors should (　　　　) their subordinates. である。

(a) take advantage of
(b) take after
(c) take care of

Q 46 「我が社の見積価格は競合他社に比べて安い」を英語でいうと、Our estimated price is lower than that of our (　　　). である。

(a) competing
(b) competitive
(c) competitor

解答・解説

Q. 45 (c) take care of

(c) take care of 〜は「〜の面倒をみる、世話をする」で look after も同義。

(a) take advantage of 〜は「〜を利用する」という意味で、make good use of 〜で言い換えることもできる。

(b) take after 〜で、「〜に似ている」の意味。resemble 〜と同義である。

supervisor は「上司、監督者」。boss も「上司」の意味。subordinate は「部下」。

Q. 46 (c) competitor

(c) competitor は「競合他社、競争相手」。

(a) competing は形容詞で「競い合う、両立しない」。名詞の前で用いられる。competing products は「競合他社の製品」、competing ideas は「相容れない考え」の意味。

(b) competitive は「競合する、競争心の強い、競争力のある」。

estimate は「見積り、見積る」。estimated price は「見積り価格」のこと。

Q 47 「この新車はお手頃価格である」を英語でいうと、
This new vehicle is (　　　　) in price. である。

(a) flexible
(b) reasonable
(c) valuable

Q 48 「彼はその会社と契約を結ぶことを切望している」を英語でいうと、
He is (　　　　) enter into a contract with the company. である。

(a) anxious to
(b) apt to
(c) ashamed to

解答・解説

Q 47 (b) reasonable

(b) reasonable は形容詞で「(人が) 分別のある、(値段などが) 手頃な、妥当な」。副詞は reasonably で「合理的に、道理にかなって」。名詞の reason は「道理、理にかなうこと、理由、原因」の意味。

(a) flexible は「融通の利く」。

(c) valuable は「貴重な、高価な、大切な」。
ここでの in は「〜の点において」の意味。

Q 48 (a) anxious to

(a) be anxious to do で「〜することを切望している」の意味で、be eager to do と同義。be anxious about は「〜を心配している」の意味で、be worried about と同義。名詞は anxiety で「心配、不安」。

(b) be apt to do は「〜しがちである」の他に、「〜しそうである」という意味で用いられる。前者の意味では be inclined to do と同義。後者の意味では be likely to do と同義である。

(c) be ashamed to do は「〜することを恥ずかしいと思う、恥ずかしくて〜できない」。

enter into a contract with は「〜と契約を結ぶ」。hold [have] a contract with と同義。ちなみに、implement a contract は「契約を履行する」の意味。

Q.49 「我々には顧客との関係を改善するための効果的な戦略が不足している」を英語でいうと、
We (　　　　) effective strategies for improving customer relations. である。

(a) are short of
(b) are subject to
(c) lack of

Q.50 「その弁護士は自分の年収に満足している」を英語でいうと、
The lawyer is (　　　　) his annual income. である。

(a) satisfactory
(b) satisfied with
(c) satisfying

解答・解説

Q 49 (a) are short of

(a) be short of 〜は「〜が足りない、不足している」。

(b) be subject to 〜は「〜を受けやすい、〜を受ける」の意味。The prices are subject to change. は「価格は変動することがある」。

(c) lack は他動詞で「〜が欠けている」の意味であるから of は不要。He lacks creativity. は「彼には独創力が欠けている」という意味。名詞は lack で「不足」。lack of ability で「能力不足」。

effective は形容詞で「効果的な、（法律・規則などが）有効である」という意味。The new law becomes effective on July 1. は「その新しい法律は 7 月 1 日より有効である」の意味。

strategy は「戦略」。

Q 50 (b) satisfied with

(b) be satisfied with 〜は「〜に満足して」の意味で、be happy with 〜と同義。

(a) satisfactory は形容詞で「満足な、満足できる」。名詞は satisfaction で「満足、満足感」。

(c) satisfying は「（人を）満足させるような」。satisfy は他動詞で「〜を満足させる」という意味。

annual income は「年収」。income tax は「所得税」、income disparity は「所得格差」のこと。

lawyer は「弁護士」で、attorney と同義。

Q 51 「当社は 2007 年、一株当たり 1,000 ドルの配当金を発表した」を英語でいうと、
The company has declared a (　　　　　) of $1,000 per share for 2007. である。

(a) dividend
(b) division
(c) donation

Q 52 「メアリーは大学でインテリアデザインを専攻したのだから、家具の配置についてアドバイスしてもらってはどうだろう？」を英語でいうと、
Mary majored in interior design in college, so why don't you ask her advice about (　　　　　) your furniture? である。

(a) appointing
(b) arranging
(c) assuming

Q 51 (a) dividend

(a) dividend は「配当、配当金」。
(b) division は「部、部門、事業部」。
(c) donation は「寄付、献金」の意味。
declare は動詞で「(税関・税務署で) 申告する、宣言する」。
per 〜は無冠詞の単数名詞の前で「〜につき、〜ごとに」の意味。
share は名詞で「株、株式、分け前」。stock と同義。

Q 52 (b) arranging

(b) arrange は動詞で「配置する、整理する、手配する」。
arrange for 〜は「〜を手配する、準備する」。
(a) appoint は動詞で「指名する、任命する、約束する」。
名詞は appointment で「約束、(病院などの) 予約」。
(c) assume は動詞で「〜と見なす、仮定する、(責任を) 負う」。assume responsibility で「責任を負う」。
major in 〜は「〜を専攻する」。名詞は major で「専攻」の意味。形容詞の major は「主要な、重要な、大手の、(2者のうち) 大きいほうの」の意味。反義語は minor で「ささいな、重要ではない、(2者のうち) 小さいほうの」。

Q 53 「報告書の提出期限が近づいていることをお知らせ致します」を英語でいうと、

This is a (　　　　　) that the deadline for handing in your report is approaching. である。

(a) recognition
(b) reminder
(c) requirement

Q 54 「教授も助手もノーベル賞授賞式に参加しないでしょう」を英語でいうと、

Neither the professor nor his (　　　　　) will attend the Nobel Prize award ceremony. である。

(a) assist
(b) assistance
(c) assistant

解答・解説

Q. 53 (b) reminder

(b) reminder は「お知らせ」。E-mail の冒頭などで、This is a reminder that や This is to remind you that は「〜であることをお知らせ致します」の意味で用いられる。また、reminder には「督促状」の意味もある。We sent a reminder, but have not received a reply. は「督促状を送ったが、まだ返事を受け取っていない」という意味。

(a) recognition は「認識、評価」の意味。動詞は recognize で「認識する、認める、評価する」。

(c) requirement は「要求、必要条件」。the minimum requirements for the position は「その職に求められる最低限の条件」。requirements は「必需品」のこと。動詞は require で「要求する」。

Q. 54 (c) assistant

(c) assistant は名詞で「助手、アシスタント」のこと。assistant to 〜で「〜の助手、アシスタント」。

(a) assist は動詞で「助ける、手伝う」という意味。

(b) assistance は名詞で「援助、手伝うこと」。
neither A nor B は「A も B も〜ない」。
the Nobel Prize は「ノーベル賞」。the Nobel Prize in [for] Physics は「ノーベル物理学賞」。
award は「賞、賞品、賞金」のことで prize と同義。

Q 55 「私は時々、自動販売機で飲物を買います」を英語でいうと、
I buy a beverage from a vending machine (　　　). である。

(a) all the time
(b) from time to time
(c) time after time

Q 56 「この仕事の給料と応募の手順を教えてください」を英語でいうと、
Please let me know the procedure for applying for this position as well as the (　　　). である。

(a) relocation
(b) remuneration
(c) restoration

解答・解説

Q 55 (b) from time to time

(b) from time to time は「時々」。sometimes と同義。
(a) all the time は「その間ずっと、四六時中」。
(c) time after time は「何度も」。repeatedly と同義。
vending machine は「自動販売機」。
beverage は「飲み物」で、drink と同義。

Q 56 (b) remuneration

(b) remuneration は「報酬、給与」の意味で、reward、pay と同義。
(a) relocation は「転勤、移住」。動詞は relocate で「～を転勤させる、移住させる、配置換えする」。The office is going to be relocated to Silicon Valley. は「オフィスはシリコンバレーに移転予定である」。
(c) restoration は「復旧、回復、復興」。
procedure は「手順、手続き」のこと。carry out a procedure、complete a procedure は「手続きを完了する」。
apply for ~は「～に応募する、申し込む」。applicant は「応募者」、application は「応募、申込用紙」のこと。ちなみに、application form も「申込用紙」の意味で用いられる。なお、apply to は「～に当てはまる、適用される」。他動詞としても用いられ、apply A to B で「A を B に応用する」。
position は「職」。get a position は「就職する」。
B as well as A「A だけでなく B も」の意味で、not only A but (also) B と同義。

Q 57 「詳しくは添付書類をご参照下さい」を英語でいうと、
For more information, please (　　　　) to the attachment. である。

(a) recall
(b) refer
(c) reject

Q 58 「すべての患者のニーズをより満たすことのできる方法を追求しています」を英語でいうと、
We are seeking ways to better (　　　　) the needs of all our patients. である。

(a) meet
(b) melt
(c) mess

Q 57 (b) refer

(b) refer to は「～を参照する、～に問い合わせる、言及する」。
reference は名詞で「参照、参考、出典、言及」。ちなみに in reference to ～は「～に関して」。

(a) recall は他動詞で「～を思い出す」の意味。前置詞 to は不要。「(不良品などを) 回収する」の意味もある。

(c) reject は他動詞で「(提案・申し出などを) 拒絶する」。前置詞 to は不要。名詞は rejection で「拒絶、却下」の意味。
attachment は「添付書類」の意味で、attached document と同義。また、attachment は「添付ファイル」の意味でも用いられ、attached file と同義。

Q 58 (a) meet

(a) meet には「(必要・目的などを) 満たす」という意味がある。satisfy も同義。

(b) melt は動詞で「(固体が) 融ける、融解する」。

(c) mess は動詞で「散らかす、乱雑にする」の意味の他に、名詞で「乱雑、散乱」の意味がある。in a mess は「乱雑になって、散乱して」。
patient は名詞の場合「患者」、形容詞の場合「我慢強い」。

Q 59 「オープン10周年として、ホテルに宿泊された方全員に無料でソフトドリンクをご提供いたします」を英語でいうと、

We are providing soft drinks (　　　　) to all hotel guests to make our 10th anniversary. である。

(a) freelance
(b) free of charge
(c) toll-free

Q 60 「編集会議は延期されるだろう」を英語でいうと、

The editorial meeting will be (　　　　). である。

(a) postponed
(b) proposed
(c) responded

解答・解説

Q 59 (b) free of charge

(b) free of charge は「無料で、ただで」の意味で、for nothing、for free も同義。

(a) freelance は「フリーランサー、自由契約で働く人」。

(c) toll-free は形容詞で「通話料金無料の」。toll-free call は「フリーダイヤル通話、無料電話」のこと。

anniversary は「記念日」。

hotel guest は「宿泊客」。

Q 60 (a) postponed

(a) postpone は「～を延期する」。put off も同義。The editorial meeting will be put off. ともいえる。ちなみに、The editorial meeting will be called off. は「編集会議が中止になるだろう」の意味。call off は「～を中止する」。cancel も同義。

(b) propose は「～を提案する」という意味。that 節を目的語にとることができる。たとえば、We propose that you confirm your order by fax or e-mail. は「ファックスか電子メールで注文確認をされることをご提案致します」。

(c) respond to ～は「～に返事をする、回答する、反応する」という意味。I'm truly sorry that I didn't respond to your e-mail earlier. は、「e-mail への返信が送れたことを心よりお詫びいたします」という意味。名詞は response で「返信、反応」。

editorial は「編集の」、the editorial meeting は「編集会議」。

Q 61　「新しい年金制度が満場一致で承認された」を英語でいうと、
The new pension plan was (　　　　) approved.
である。

(a) anonymously
(b) ultimately
(c) unanimously

Q 62　「我々の小学校の教員のほとんどが教育学の学士号を取得しています」を英語でいうと、
Most of the teachers at our (　　　　) hold a bachelor's degree in education. である。

(a) elementary school
(b) nursery school
(c) preparatory school

解答・解説

Q.61 (c) unanimously

(c) unanimously は副詞で「満場一致で」。形容詞は unanimous で「満場一致の」。

(a) anonymously は副詞で「匿名で」の意味。形容詞は anonymous で「匿名の」。

(b) ultimately は副詞で「最終的に、結局」。形容詞は ultimate で「最終的な、究極の」。

pension plan は「年金制度」。

approve は動詞で「承認する」。名詞は approval で「承認」の意味。

Q.62 (a) elementary school

(a) elementary school は「小学校」。grade school と同義。イギリスでは primary school を用いる。

(b) nursery school は「保育園、幼稚園」。

(c) preparatory school は「予備校」。

bachelor's degree は「学士号」。ちなみに、master's degree は「修士号」、Ph.D.は Doctor of Philosophy のことで「博士号」の意味。

Q. 63 「最近、日本の終身雇用が崩壊しつつある」を英語でいうと、

Nowadays, the lifetime (　　　　) system in Japan is collapsing. である。

(a) emergency
(b) employment
(c) envelope

Q. 64 「不良品は新品とお取替え致します」を英語でいうと、

We will (　　　　) any defective product with a new one. である。

(a) replace
(b) replacement
(c) represent

解答・解説

Q 63 (b) employment

(b) employment は「雇用」で、lifetime employment system で「終身雇用制度」となる。unemployment は「失業、失業率」。employee は「従業員」、employer は「雇い主」のこと。その他の関連表現としては、employment policy「雇用方針」、employee benefit「(従業員の) 福利厚生」などがある。

(a) emergency は「緊急事態、緊急」という意味。「緊急の場合に」は in case of emergency。

(c) envelope は「封筒」のこと。「封筒に宛名を書く」は address an envelope、「返信用封筒」は return envelope、self-addressed envelope という。また、self-addressed, stamped envelope は「切手を貼った返信用封筒」。
collapse は「崩壊する、崩壊」。

Q 64 (a) replace

(a) replace A with B は「A を B と取り替える」。exchange A for B と同義。

(b) replacement は「置き換え、復職」。

(c) represent は動詞で「〜を表す、意味する、代理する」。defective products は「不良品、欠陥商品」で、inferior products と同義。形容詞の defective は「不完全な、欠点がある」。

Q 65 「賃貸借契約書に従って敷金を支払った」を英語でいうと、I paid a security deposit (　　　　) the lease agreement. である。

(a) in accordance with
(b) in addition to
(c) with reference to

Q 66 「医者は耳の感染症に抗生物質を処方した」を英語でいうと、The doctor (　　　　) an antibiotic for my ear infection. である。

(a) prepared
(b) prescribed
(c) preserved

解答・解説

Q 65 (a) in accordance with

(a) in accordance with ～は「～にしたがって」。
(b) in addition to ～は「～に加えて」。
(c) with reference to ～は「～に関して」。

pay は「支払う」。I'll pay for you. は「あなたの分は私が払います」の意味。

security deposit は「敷金」で、lease deposit ともいう。
deposit は「手付金、内金、頭金、保証金」の意味。
lease agreement は「賃貸借契約書」。

Q 66 (b) prescribed

(b) prescribe medicine は「薬を処方する」。prescription は名詞で「処方せん」。

(a) prepare は動詞で「用意する、準備をする」。形容詞の preparatory は「準備の、予備の」。名詞は preparation で「準備」。

(c) preserve は動詞で「保つ、保存する」。preservation は名詞で「保存、保護、予防」。

infection は「感染症」。
antibiotic は「抗生物質」。

Q 67 「元本に対していくらの利子がつきますか？」を英語でいうと、
What will be the rate of interest on the (　　　)? である。

(a) bond
(b) principal
(c) stock

Q 68 「親たちは、子供たちのテレビを観る習慣に関するアンケートに記入するように依頼された」を英語でいうと、
Parents were asked to complete a (　　　) concerning their children's TV viewing habits. である。

(a) qualification
(b) question
(c) questionnaire

解答・解説

Q 67 (b) principal

(b) ここでの principal は名詞で「元本、元金」。他に「校長」の意味で用いられる。形容詞の場合「主な、主要な」。principal actor は「主演俳優」。

(a) bond「債券、社債」。government bond は「国債」。

(c) stock は「株、株式、在庫」。share も「株」の意味。interest は「利子、金利」。interest rate も「金利」の意味。

ちなみに、rising rate は「金利上昇」、fixed interest は「固定金利」、floating interest は「変動金利」の意味である。

Q 68 (c) questionnaire

(c) questionnaire は名詞で「アンケート、質問事項」。

(a) qualification は「資格」。他に「資格証明書、技能、素質」の意味がある。

A be asked to do は「A は〜するように依頼される」。能動態の ask A to do は「A に〜するように依頼する」の意味。

complete は「(アンケートなどに) 記入する」の意味で、fill in と同義。

viewing habits は「視聴の習慣」。reading habits は「読書の習慣」のこと。

(b) question は「問題、質問」。

Q 69「漢方薬の専門家たちは 100％天然成分を使用した新しい鎮痛剤を開発している」を英語でいうと、
Experts in herbal medicines are developing a new painkiller using all-natural (　　　　). である。

(a) ingredients
(b) inventories
(c) materials

Q 70「メアリーは高校で学業成績が優秀だったので奨学金を与えられた」を英語でいうと、
Mary was awarded a (　　　　) for her excellent academic record in high school. である。

(a) incentive
(b) prize
(c) scholarship

解答・解説

Q 69 (a) ingredients

(a) ingredient は「成分、(料理の) 材料、原料」のこと。

(b) inventory は「在庫」。stock と同義。

(c) material は「物質、原料、素材、資料」。

expert は「専門家」。expert in ～で「～の専門家」の意味。expertise は「専門知識、専門技術」のこと。

pain killer は「鎮痛剤」。

all-natural は「すべてが天然の」という意味。all-natural ingredients は「100％天然成分」。

Q 70 (c) scholarship

(c) scholarship は「奨学金」。grant も「補助金、奨学金」の意味で用いられる。

(a) incentive は「奨励、報奨金」。

(b) prize は「賞、賞品、賞金」。

award は動詞で「賞を与える」の意味。名詞で「賞、賞品」の意味もある。ちなみに reward は「報酬、給与」のこと。

excellent は「すばらしい」。

academic record は「学業成績」。

Q 71 「虫歯の治療のために歯医者の予約をした」を英語でいうと、
I made a dentist's (　　　　) to have a cavity filled. である。

(a) appointment
(b) arrangement
(c) reservation

Q 72 「社員食堂の電子レンジは故障中です」を英語でいうと、
The microwave in the office canteen is (　　　　). である。

(a) out of date
(b) out of order
(c) out of stock

解答・解説

Q.71 (a) appointment

(a) make an appointment は「(病院などの) 予約をする、会う約束をする」。appointment は「(医師などの) 予約、(面会の) 約束」の意味。

(b) arrangement は「整頓、配列」。複数形の arrangements は「手配、準備」の意味。make arrangements for は「～の準備をする」。I have to make arrangements for the meeting. は「会議の準備をしなければならない」という意味。

(c) reservation は「(ホテル・飛行機・座席などの) 予約」のこと。make a reservation for ～は「～を予約する」。動詞の reserve、book も同義。ちなみに、confirm one's reservation は「予約を確認する」、reconfirm one's reservation は「予約を再確認する」という意味。cavity は名詞で「虫歯」。fill a cavity は「虫歯に詰め物をする」、have a cavity は「虫歯がある」。

Q.72 (b) out of order

(b) out of order は「故障して、故障中で」。この order は「正常、正常な状態」という意味。

(a) out of date は「時代遅れの」。

(c) out of stock は「在庫切れで」。in stock は「在庫があって」の意味。

microwave は「電子レンジ」。microwave oven ともいう。

office canteen は「(会社の) 社員食堂」。

Q 73 「チケットのこの部分は、旅行の証拠として保管してください」を英語でいうと、
This portion of the ticket should be (　　　　) as evidence of your journey. である。

(a) attained
(b) contained
(c) retained

Q 74 「来年度の予算を調整する必要がある」を英語でいうと、
We need to adjust the (　　　　) for the coming fiscal year. である。

(a) budget
(b) expense
(c) revenue

解答・解説

Q.73 (c) retained

(c) retain は「保つ、保有する」という意味の動詞。

(a) attain は「（目的などを）達成する、成し遂げる」の意味で、achieve と同義。I'll definitely attain my goal. は「絶対に目的を達成する」という意味。

(b) contain は「〜を含んでいる」。These sports drinks contain vitamins and minerals. は「これらのスポーツドリンクにはビタミンとミネラルが含まれている」という意味。

ここでの portion は「部分、一部」の意味。他に、「（複数名で分けた）分け前、（食事の）一人前」の意味がある。

　evidence は「証拠」という意味の不可算名詞。
　journey は「旅行」のこと。

Q.74 (a) budget

(a) budget は「予算」。annual budget は「年間予算、年度予算」。budget cut は「予算削減」。

(b) expense は「費用、犠牲」。expenditure も「費用」の意味。

(c) revenue は「収益」。profit、earnings も同義。
the coming fiscal year は「次の会計年度、来年度」。
the coming は「次の」。fiscal year は「会計年度」のことで、イギリスでは、financial year という。
adjust は動詞で「調整する」。adjustment は名詞で「調整、適応」の意味。

Q 75 「上記は議論目的に限った試案である」でいうと、
The above is a (　　　　　) plan for discussion purposes only. である。

(a) initiative
(b) relative
(c) tentative

Q 76 「帰宅途中に郵便局に立ち寄っていただけますか？」を英語でいうと、
Would you (　　　　　) stopping at the post office on your way back home? である。

(a) avoid
(b) mind
(c) postpone

Q. 75 (c) tentative

(c) tentative は形容詞で「仮の、試験的な」。tentative plan は「試案」。

(a) initiative は名詞で「主導権」。

(b) relative は名詞で「親戚」。
the above は「上記のこと、上に述べたこと」。the following は「下記のこと、次に述べること」。

Q. 76 (b) mind

(b) mind doing は「〜することを嫌だと思う」。Would you mind doing 〜? で「〜していただけますか」という意味になる。これに対して Not at all. のように否定表現で応答した場合は、「嫌だと思わない」つまり「〜してもいいですよ」という意味になる。

(a) avoid doing は「〜することを避ける」という意味。avoid to do とはならない。

(c) postpone doing は「〜することを延期する」。Illness forced us to postpone getting married. は「病気のために結婚を延期しなければならなかった」という意味。postpone と put off は同義で用いられる。postpone to do、put off to do とはできない。
stop at 〜は「〜に立ち寄る」の意味で、drop in at 〜と同義。
on one's way は「途中で」の意味。on one's way to 〜は「〜へ行く途中で」。

Q 77 「私は毎年この時期になると花粉症に苦しむ」を英語でいうと、
I suffer from (　　　　　) at this time every year. である。

(a) flu
(b) hay fever
(c) pneumonia

Q 78 「オフィスビルの工事が終わったばかりです」を英語でいうと、
The construction of the office complex has just been (　　　　). である。

(a) complained
(b) completed
(c) compromised

解答・解説

Q.77 (b) hay fever

(b) hay fever は「花粉症」。fever は「発熱、熱病」の意味。

(a) flu は「インフルエンザ、流感」。influenza ともいう。

(c) pneumonia は「肺炎」。

suffer from ～は「～に苦しむ」。

Q.78 (b) completed

(b) complete は他動詞で「～を完成させる」という意味。形容詞の complete には「全部の、全部ある、完成した」という意味がある。complete with ～は「～を完備した」。an apartment complete with furniture は「家具付のマンション」の意味。

(a) complain は「不平・不満を言う」。complain at ～で「～について不満を言う」の意味。complain about ～、complain of ～も同義。

(c) compromise は自動詞の場合「妥協する」、他動詞の場合「(問題などを) 解決する」、名詞の場合「妥協、歩み寄り、妥協案」の意味。make a compromise で「妥協する、歩み寄る」、reach a compromise で「妥協案に至る、折衷案に至る」。

construction of ～は「～の建設、建築」。

ここでの complex は名詞で「複合ビル、総合ビル」のこと。apartment complex は「団地、マンション群」、office complex は「オフィスビル」。

Q 79 「今週末、大雪のため私達はスキーに行けないかもしれない」を英語でいうと、
Heavy snow may (　　　　　) us from going skiing this weekend. である。

(a) precaution
(b) preside
(c) prevent

Q 80 「平均寿命が延びているため、日本社会における高齢化は深刻な問題になっている」を英語でいうと、
Because of the increase in (　　　　　) life expectancy, the aging of Japanese society has become a serious problem. である。

(a) appropriate
(b) approximate
(c) average

Q 79 (c) prevent

(c) prevent A from doing は「A が〜するのを妨げる」。
動詞の prevent は「〜を防ぐ、阻止する、予防する」。
名詞は prevention で「阻止、防止、予防、予防策」。

(a) precaution は名詞で「予防策、用心、警戒」の意味。
(b) preside は自動詞で「取り仕切る、議長を務める、主宰する」。

Q 80 (c) average

(c) average life expectancy は「平均寿命」。life expectancy 「寿命」のこと。ここでの average は形容詞で「平均の、普通の」の意味。名詞で「平均、標準」の意味になる。on average は「平均して、通常は、概して」。

(a) appropriate は形容詞で「適した、妥当な」。
(b) approximate は形容詞で「およその」。approximately は副詞で、「およそ、ほぼ」。
   aging は「高齢化」のこと。

Q 81「我々の委員会は最高経営責任者の選出に対して責任がある」を英語でいうと、

Our committee is responsible for the selection of the (　　　). である。

(a) CEO
(b) CFO
(c) CPA

Q 82「店はクリスマス直前の買い物客で混雑していた」を英語でいうと、

The stores were (　　　　) with last-minute Christmas shoppers. である。

(a) cluttered
(b) crowded
(c) equipped

解答・解説

Q 81 (a) CEO

(a) CEO は chief executive officer のことで「最高経営責任者」の意味。

(b) CFO は chief financial officer のこと。「最高財務責任者」の意味である。

(c) CPA は certified public accountant のことで、「公認会計士」の意味。

Committee は「委員会」のこと。

selection は名詞で「選択、厳選品、品揃え」。動詞は select で「(多くのものから) 選び出す、選択する」。

Q 82 (b) crowded

(b) be crowded with ～は「～で混んでいる」。be full of ～ ともいう。

(a) be cluttered with ～は「～で散らかっている」。

(c) be equipped with ～は「～を備えている」。

last-minute は形容詞で「どたん場の、最後の瞬間の」という意味。last-minute shoppers は「閉店間際の買い物客」のこと。

Q 83 「彼女はボーイフレンドの肩にもたれかかった」を英語でいうと、

She ( ) her boyfriend's shoulder. である。

(a) leaned against
(b) looked over
(c) tapped on

Q 84 「次の会議では、いくつかの進行中のプロジェクトについて議論する予定である」を英語でいうと、

At our next meeting, we will be discussing several ( ) projects. である。

(a) ongoing
(b) pending
(c) progress

Q 83 (a) leaned against

(a) lean against one's shoulder は「〜の肩にもたれかかる」。There is a ladder leaning against the wall. は「壁にはしごが立てかけてある」という意味。
(b) look over one's shoulder は「〜の肩越しに見る」。
(c) tap on one's shoulder は「肩をポンとたたく」。

Q 84 (a) ongoing

(a) ongoing は「進行中の」という意味。
(b) pending は「未決の、未解決の、保留の」。pending matter は「懸案」の意味。matters は「事柄、案件、問題」。urgent matter は「緊急事項」のこと。
(c) progress は名詞で「進行、前進、進歩」。in progress は「進行中の」という意味。the projects in progress は「進行中のプロジェクト」のこと。the ongoing project と同義。

Q 85 「東京支社に赴任中、海外特別赴任手当をもらった」を英語でいうと、

I received a special overseas allowance while I was assigned to our Tokyo (　　　　). である。

(a) branch office
(b) main office
(c) subsidiary

Q 86 「航空会社のストにもかかわらず、私はどうにかオフィスに定刻どおりに着いた」を英語でいうと、

I (　　　　) arrive at the office on time despite the transit strike. である。

(a) afforded to
(b) happened to
(c) managed to

Q. 85 (a) branch office

(a) branch office は「支店」。
(b) main office は「本社、本部」。headquarter ともいう。
(c) subsidiary は「子会社」。
special は「特別な」。
overseas はここでは形容詞で「海外の、海外への」という意味。副詞で「海外へ、海外で」の意味もある。
allowance は名詞で「手当て、引当金」の意味。
assign A to B は「A を B に派遣する、配属する」。他に、「A を B に割り当てる」の意味もある。

Q. 86 (c) managed to

(c) manage to do は「どうにか〜する」。
(a) afford to do は「(経済的に) 〜する余裕がある」。
(b) happen to do は「偶然〜する、たまたま〜する」。
on time は「時間通りに、定刻通りに」。I made it to the office on time. は「時間通りにオフィスに着いた」の意味。make it には「(目的地に) 到着する」の意味の他に、「(時間に) 間に合う、成功する、待ち合わせする」という意味もある。
transit strike は「航空会社のストライキ」のこと。

Q 87「新聞は私達にたくさんの有益な情報を与えてくれる」
を英語でいうと、
Newspapers (　　　　　) us with a lot of useful information. である。

(a) proceed
(b) prohibit
(c) provide

Q 88「郵便局員はその小包を書留郵便で送ることを勧めた」
を英語でいうと、
The post-office clerk suggested that I send the parcel by (　　　　). である。

(a) ordinary mail
(b) registered mail
(c) special delivery

解答・解説

Q 87 (c) provide

(c) provide A with B は「A（人）に B（物）を与える」。provide B to A も同義。この場合は Newspapers provide a lot of useful information to us. に書き換え可能。

(a) proceed は自動詞。proceed to ～で「～に進む、～に着手する」。proceed with ～で「～を続ける」、proceed to do で「～し始める、続けて～する」という意味。Please proceed to Gate 40. は「40 番ゲートにお進み下さい」。Let's proceed with our discussion. は「議論を続けましょう」。Kindly proceed with your explanation. は「どうぞ説明を続けて下さい」。

(b) prohibit は「禁止する」。prohibit A from doing で「A が～するのを禁止する」の意味。後者の意味では、prevent A from doing と同義。

Q 88 (b) registered mail

(b) registered mail は「書留郵便」。

(a) ordinary mail は「普通郵便」。

(c) special delivery は「速達郵便」。express delivery ともいう。express delivery fee は「速達料金」のこと。parcel は「小包」。package も同義。

Q 89 「50歳以上の人は早期退職制度の資格がある」を英語でいうと、
People aged 50 or over are (　　　　) an early retirement program. である。

(a) available for
(b) eligible for
(c) liable for

Q 90 「宿題の締切日はいつでしょうか？」を英語でいうと、
When is the (　　　　) for the assignment? である。

(a) due date
(b) expiry date
(c) memorable date

解答・解説

Q. 89 (b) are eligible for

(b) be eligible for ～は「～の資格がある、～にふさわしい」。be eligible to do は「～する資格がある」の意味。

(a) be available for ～は「～に利用できる、役立てられる」。

(c) be liable for ～は「～に責任を持つ、～の責任を負う」の意味。

early retirement は「早期退職」。

Q. 90 (a) due date

(a) due date for ～は「～の締切日」。deadline for ～ともいう。due date for payment は「支払期限」。The rent is due tomorrow. は「家賃の支払期日は明日です」という意味。

(b) expiry date は「賞味期限、有効期限」。expiration date も同義。expire は動詞で「(期限が)切れる、(契約・休暇などが)終了する、満期になる」。

(c) memorable date は「記念すべき日」。

assignment は「宿題、課題、研究課題、(仕事や任務などの)割当て」。

他に、date を用いた表現に up-to-date「最新の」がある。up-to-date travel information は「最新の旅行情報」の意味。

Q 91　「留守番電話に伝言を残して下さい」を英語でいうと、
Please (　　　　　) a message on the answering machine. である。

(a) compose
(b) leave
(c) take

Q 92　「突然の警報によって電話会議が中断された」を英語でいうと、
A sudden alarm (　　　　　) the conference call. である。

(a) bothered
(b) interrupted
(c) launched

解答・解説

Q.91 (b) leave

(b) leave a message は「伝言を残す」。

(a) compose a message は「メッセージを作成する」。compose は動詞で「〜を構成する、組み立てる、整理する」という意味。

(c) take a message は「伝言を受ける」の意味。

Q.92 (b) interrupted

(b) interrupt は「中断する、割り込む」という意味の動詞。名詞は interruption で「中断、支障」の意味。

(a) bother は動詞で「(人を)悩ます、困惑させる、(人に)面倒をかける」。Sorry to bother you when you're so busy.「お忙しいところ恐れ入ります」の意味。

(c) launch は「〜を開始する、〜に着手する、〜に参入する、〜を売り出す；開始」。To diversify its products, the company launched a line of all-natural cosmetics. は「製品を多様化するために、その会社は100％天然の化粧品を売り出した」という意味。なお、branch out は「(新事業などに)乗り出す」という意味。Many companies have branched out into the manufacture of cosmetics. は「多くの企業が化粧品の製造に新規参入した」。

conference call は「電話会議」のこと。

Q 93 「ホテルを予約するのを忘れた」を英語でいうと、
I forgot to (　　　　　) a hotel room. である。

(a) bet
(b) book
(c) boost

Q 94 「私は留学して化学の修士号を取ることを決心した」を英語でいうと、
I (　　　　　) to study abroad and get a master's degree in chemistry. である。

(a) kept in mind
(b) made a suggestion
(c) made up my mind

解答・解説

Q. 93 (b) book

(b) 動詞の book には「～を予約する」という意味があり、reserve と同義。reserve a hotel room ともいえる。動詞の book には「帳簿に記載する、（予算などを）計上する」の意味もある。ちなみに、booklet は「小冊子」のこと。

(a) bet は「賭ける」。I'll bet ～は「きっと～である」という意味。

(c) boost には「（値段などを）押し上げる、増加させる」という意味の動詞と「（値段などの）上昇」という意味の名詞がある。

forget to do は「～するのを忘れる」。

Q. 94 (c) made up my mind

(c) make up one's mind は「決心する」という意味。decide、make a decision も同義で、いずれも to do を伴うことができる。

(a) keep A in mind は「A を覚えている、心に留めておく」。keep (it) in mind that ～は「～のことを覚えておく」。

(b) make a suggestion は「アドバイスをする、提案する」。study abroad は「留学する」。abroad は副詞で「海外へ（で）、外国に（で）」。

degree は「学位」。master's degree は「修士号」。bachelor's degree は「学士号」でしたね。

Q. 95 「急な知らせにもかかわらず、お越しいただいてありがとう」を英語でいうと、
Thank you for coming (　　　). である。

(a) at any cost
(b) for a while
(c) on such short notice

Q. 96 「私のお土産を買うのを忘れないでね」を英語でいうと、
Make sure you (　　　) me a souvenir. である。

(a) remember buying
(b) remember to buy
(c) remind buying

解答・解説

Q. 95 (c) on such short notice

(c) on such short notice は「急な通知で、短期間の通知で、急に」の意味で、at short notice ともいう。

(a) at any cost は「いかなる犠牲を払っても」という意味で、at all costs も同義。

(b) for a while は「しばらくの間」の意味。他に while を用いた表現には、after a while「しばらくして」、in a while「まもなく、すぐに」、all the while「その間ずっと」がある。

Q. 96 (b) remember to buy

(b) remember to do は「〜することを覚えている、忘れないで〜する」。

(a) remember doing は「〜したのを覚えている」。I remember buying your souvenir here. は「私はここであなたのお土産を買ったのを覚えている」という意味。

(c) remind は、直後に doing を伴うことはできない。remind A of B で「A（人）に B のことを気づかせる、思い出させる」となる。I reminded her of our date this weekend. は「僕は今週末のデートのことを忘れないようにと彼女に念を押した」という意味。また、remind A to do は「A に〜することを気づかせる」という意味。I reminded him to call his dentist for an appointment. は「歯医者に電話して予約をとるように彼に言ってあげた」。

Q 97「我々の便は予約超過であるとわかった」を英語でいうと、
It (　　　　) that our flight was overbooked.である。

(a) turned down
(b) turned off
(c) turned out

Q 98「各国の首脳は和平案をまとめた」を英語でいうと、
Leaders from around the world (　　　　　) a proposal for peace.である。

(a) put on
(b) put through
(c) put together

解答・解説

Q.97 (c) turned out

(c) It turns out that 〜は「結局〜だとわかる、〜であると判明する」という意味。

(a) turn down 〜は「(音量などを) 下げる、小さくする、(申し出などを) 断わる」という意味。

(b) turn off は「(電源などを) 消す、(水・ガスなどを) 止める」。一方、turn on は「(電源などを) つける、(水・ガスなどを) 出す」。

overbook は「定員以上に予約をとる」という意味。

Q.98 (c) put together

(c) put together は「(考えなどを) まとめる、組み立てる、寄せ集める」。

(a) put on は「〜を身につける、着る」。他に、put on には「〜を増す、(劇などを) 上演する」の意味がある。

(b) put A through to B で「A の電話を B につなぐ」という意味。また、put through には「(法案などを) 通過させる」の意味があり、pass と同義。

proposal for 〜は「〜の提案、提案書」。

Q 99 「政府の新しい健康保険制度に関する新聞の記事を読んだ」を英語でいうと、

I read an (　　　　　) on the government's new health insurance plan in the paper. である。

(a) advertisement
(b) affair
(c) article

Q 100 「我が社の受付係は、訪問客に挨拶をする以外にも、電話に出なければならない」を英語でいうと、

The (　　　　　) at our company has to answer phones as well as greet visitors. である。

(a) receptionist
(b) representative
(c) reputation

Q.99 (c) article

(c) article は「(新聞・雑誌などの)記事」のこと。newspaper article は「新聞記事」、magazine article は「雑誌記事」。他に、articles で「箇条、項目、品物」の意味になる。duty-free articles は「免税品」のこと。

(a) advertisement は「広告」。advertisement in the paper は「新聞広告」のこと。

(b) affair は「事件、出来事、問題、業務、関心事」。health insurance は「健康保険」。

Q.100 (a) receptionist

(a) receptionist は「受付係」。reception は「接待、もてなし、宴会」の意味。

(b) representative は「代表、代表者、代理人」。sales representatives は「営業担当者」の意味。

(c) reputation は「評判」。
greet は他動詞で「〜に挨拶をする」の意味。名詞は greeting で「挨拶」。greeting card は「挨拶状」のこと。

Q 101　「彼の販売実績を賞して、我々は特別ボーナスを支給した」を英語でいうと、
We gave him a special bonus (　　　　) his sales achievements. である。

(a) in anticipation of
(b) in appreciation of
(c) in association with

Q 102　「以下の点を考慮して、このプロジェクトは進められた」を英語でいうと、
This project was developed (　　　　) the following points. である。

(a) considerate
(b) in consideration of
(c) under consideration

解答・解説

Q. 101 (b) in appreciation of

(b) in appreciation of ～で「～を賞して、～に感謝して」。appreciation は「感謝」。

(a) in anticipation of ～は「～を期待して、予期して」の意味。anticipation は「期待、予期、予想」。動詞は anticipate で「～を期待する、予想する」。

(c) in association with ～は「～と共同して、提携して」の意味。association には「共同、提携」の他に、「関係、協会、組合」の意味がある。

Q. 102 (b) in consideration of

(b) in consideration of ～は「～を考慮して、思いやって」。

(a) considerate は「思いやりのある」という意味で、kind と同義。He is a patient and considerate man. は「彼は我慢強くて思いやりのある人である」。

(c) under consideration は「検討中で」の意味。consideration は「考慮、よく考えること」。take A into consideration は「Aを考慮する」。take A into account も同義。

the following ～は「以下の～、次の～」。the following は「下記のこと、次に述べること」。

Q 103「我々は今までよりもはるかに世論に敏感でなければならない」を英語でいうと、

We should be considerably more sensitive to public (　　　　) than we previously have been. である。

(a) announcement
(b) opinion
(c) relations

Q 104「その外科医は心臓病の新しい治療法に関する記事を特集した医学雑誌を買った」を英語でいうと、

The surgeon bought a medical journal (　　　　) an article on new treatments for heart disease. である。

(a) demanding
(b) featuring
(c) upcoming

解答・解説

Q 103 (b) opinion

(b) public opinion は「世論」。consensus は同義で用いられるが、「(意見などの)一致、同意、コンセンサス」の意味もある。

(a) public announcement は「公示」。

(c) public relations は「広報、宣伝活動」。
considerably は副詞で「かなり、ずいぶん」の意味。significantly も同義。形容詞は considerable で「かなりの、相当な」。
be sensitive to 〜は「〜に敏感である」。
previously は「今まで、以前」。

Q 104 (b) featuring

(b) feature は、ここでは動詞で「〜を特集する、売り物にする、特色にする」。This month's issue features an article on diabetes. は、「今月号は糖尿病の記事を特集している」。ちなみに、名詞の feature は「特徴、特性、顔立ち、外観」の意味。

(a) demanding は形容詞で「要求の多い、(仕事などが)厳しい」。

(c) upcoming は形容詞で「近づいている、近々予定されている」の意味。
heart disease は「心臓病」。disease は「病気」。ちなみに、heart attack は「心臓麻痺、心臓発作」、heart failure は「心不全」のこと。
surgeon は名詞で「外科医」。physician は「内科医」。

Q 105 「勤勉な学生は無利子のローンを受けられる」を英語でいうと、

Some (　　　　　) students will be given interest-free loans. である。

(a) indifferent
(b) industrial
(c) industrious

Q 106 「このスーツは最高級のイタリアン・シルクでできている」を英語でいうと、

This suit is made of the highest (　　　　　) Italian silk. である。

(a) quality
(b) quantity
(c) quota

解答・解説

Q.105 (c) industrious

(c) industrious は形容詞で「勤勉な」。名詞は industry で「勤勉」。「産業、工業」の意味もある。

(a) indifferent は形容詞。be indifferent to ~ で「~に無関心である、無頓着である」。

(b) industrial は形容詞で「産業の、工業の」。industrial product(s) は「工業製品」。

interest-free loans は「無利子のローン」。

Q.106 (a) quality

(a) quality は「質」。of high quality は「高級、高品質」の意味。the highest quality は「最高級、最高品質」。

(b) quantity は「量」。

(c) quota は「割当て量（額）、割当て」のこと。share も同義。a monthly quota は「1ヶ月の割当て量」。

be made of ~ は「~でできている」。

Q 107 「駐日大使の送別会が12月20日に行われることをお知らせいたします」を英語でいうと、

Please be (　　　　　) that the farewell party for the ambassador to Japan will be held on December 20th. である。

(a) addressed
(b) admitted
(c) advised

Q 108 「トムは休暇を取るのをあきらめて、仕事に全力投球した」を英語でいうと、

Tom (　　　　　) the idea of taking a few days off and committed himself to his work. である。

(a) abandoned
(b) abated
(c) absorbed

解答・解説

Q. 107 (c) advised

(c) Please be advised that ～は「～であることを通知します」という意味。この advise は「通知する」という意味。

(a) address は「講演する、宛名を書く」という意味の他動詞で、that 節を目的語にとらない。address the audience は「聴衆に演説する」。

(b) admit that ～は「～であることを認める」。

ここでの hold は「(会などを) 開催する、行う」という意味の他動詞。be held で「開催される」。take place と同義である。

farewell party は「送別会」のこと。welcome party は「歓迎会」。

ambassador は「大使」。

Q. 108 (a) abandoned

(a) abandon は「(職業・希望・計画などを) あきらめる、断念する」の意味で、give up と同義。

(b) abate は他動詞で「(痛みなどを) 和らげる、減じる」、自動詞で「(痛みなどが) 和らぐ」の意味。

(c) absorb は「吸収する、(情報などを) 取り入れる」という意味。be absorbed in ～で「～に夢中になる、没頭する」。

day off は「休暇、休日」のこと。take a day off は「1日休暇をとる」。

commit oneself to ～は「～に専念する、～に取り組む」。

Q 109「市はこの交差点に信号機を設置すべきだと思う」を英語でいうと、
I think the city should install a traffic light at this (　　　). である。

(a) intersection
(b) pavement
(c) pedestrian

Q 110「この建築プランによると、本社ビルの修復には多額の金がかかるでしょう」を英語でいうと、
According to the architect's proposal, the (　　　) of the headquarters building will cost a lot of money. である。

(a) recollection
(b) renovation
(c) repetition

解答・解説

Q.109 (a) intersection

(a) intersection は「交差点」のこと。cross the intersection は「交差点を渡る」の意味。walk across the intersection ともいう。

(b) pavement は「舗装道路、車道」のこと。ちなみに、sidewalk は「(舗装された) 歩道」。pave the road は「道路を舗装する」。

(c) pedestrian は名詞で「歩行者」。
install は「〜を設置する、取りつける」。traffic light は「信号機」。

Q.110 (b) renovation

(b) renovation は名詞で「(古い建物・家具などの) 改装、修理、修復」。動詞は renovate で「改装する、修理する、リフォームする」。

(a) recollection は「思い出すこと、回想」。動詞は recollect で「回想する、思い出す」。

(c) repetition は「繰り返し、反復」。動詞は repeat で「繰り返す、反復する」。

architect は名詞で「建築家」。形容詞の architectural は「建築上の」という意味。architecture は名詞で「建築、建築物」のこと。

cost は「(金額・費用) がかかる、〜を要する」の意味の動詞。

Q 111 「当財団は、危機に瀕している歴史的建造物の保護に大きな責任を担っています」を英語でいうと、
This foundation is responsible for the preservation of endangered (　　　　) buildings. である。

(a) heritage
(b) historic
(c) honorable

Q 112 「その会社は、敏感肌の人向けに新しい化粧品を発売した」を英語でいうと、
The company has marketed a new line of cosmetics for people with (　　　　) skin. である。

(a) sense
(b) sensible
(c) sensitive

解答・解説

Q 111 (b) historic

(b) historic は「歴史上重要な」という意味の形容詞。historic building で「歴史的建造物」。historical は「歴史の、歴史に関する」という意味。

(a) heritage は名詞の場合「文化遺産、伝統遺産」、形容詞の場合「文化遺産の」という意味。

(c) honorable は「名誉となる、尊敬すべき、立派な」の意味の形容詞。honor は動詞の場合「栄誉を授ける、尊敬する」、名詞の場合「名誉、光栄、尊敬」という意味。

foundation は「財団、施設、創立、土台、基礎」。
the preservation of 〜は「〜の保存、保護、予防」。
endangered は「危険にさらされた」。

Q 112 (c) sensitive

(c) sensitive は形容詞で「敏感な、感じやすい」という意味。sensitive skin は「敏感肌」のこと。名詞の sensitivity は「敏感さ、感受性」。

(a) sense は名詞で「五感、感覚、認識力、良識」など様々な意味がある。

(b) sensible は形容詞で「分別のある、賢明な」。
動詞の market は「市場に出す、発売する」という意味。a new line of 〜は「〜の新商品」
cosmetics for 〜は「〜向けの化粧品」。for 〜には「〜向けの」という意味がある。

Q 113 「美術評論家は美術品を分析して評価する」を英語でいうと、
An art (　　　　　) analyzes and evaluates works of art. である。

(a) credit
(b) critic
(c) currency

Q 114 「すべての食品添加物は、使用の承認を得る前に、科学的に安全であるという評価を受けなければならない」を英語でいうと、
All food (　　　　　) must undergo a scientific safety evaluation before they can be approved for use. である。

(a) addictions
(b) additions
(c) additives

解答・解説

Q 113 (b) critic

(b) critic は名詞で「批評家、評論家」。art critic は「美術批評家、美術評論家」。動詞は criticize で「批評する、批判する、非難する」。

(a) credit は可算名詞の場合「単位」、不可算名詞の場合「信用、信頼」の意味。earn credits は「単位を取得する」という意味。

(c) currency は「通貨、貨幣」のこと。exchange currency は「通貨を両替する」。

analyze は動詞で「分析する」。名詞は analysis で「分析」。market analysis は「市場分析」の意味。

Q 114 (c) additives

(c) additives は名詞で「添加物」のこと。food additive は「食品添加物」。

(a) addictions は名詞で「中毒、依存症、熱中すること」。addiction to drug は「麻薬中毒」。

(b) additions は名詞で「追加」のこと。不可算名詞の addition は「追加、付加、足し算」の意味。動詞は add で「追加する」。add A to B で「A を B に追加する」。形容詞は additional で「追加の」。

undergo は「(検査・治療などを) 受ける、(苦しみなどを) 経験する」。

evaluation は「評価」。evaluate は「評価する」という意味の他動詞。

Q. 115 「ABC 製薬会社は乳ガンに効く新薬を開発しようとしている」を英語でいうと、

ABC ( ) company is seeking to develop a new drug effective against breast cancer. である。

(a) pharmaceutical
(b) prevailing
(c) privileged

Q. 116 「外国人登録の申請者は必要書類を提出しなければならない」を英語でいうと、

Applicants for ( ) registration are required to submit the necessary documents. である。

(a) aid
(b) alien
(c) alternate

解答・解説

Q. 115 (a) pharmaceutical

(a) pharmaceutical company は「製薬会社」のこと。pharmaceutical は「薬剤の、薬学の」という意味の形容詞。pharmacy は不可算名詞の場合「製薬、薬学」、可算名詞の場合「薬局、薬屋」。pharmacist は「薬剤師」。

(b) prevailing は「広く行き渡っている、一般的な、優勢な」の意味の形容詞で、名詞を修飾する。

(c) privileged は「特権を与えられた、特権のある」という意味の形容詞。the privileged classes は「特権階級」。seek to do は「〜しようと努める」の意味で、try to do と同義。
effective against 〜は「(薬などが) 〜に効果がある」。breast cancer は「乳ガン」。cancer は「ガン」のこと。

Q. 116 (b) alien

(b) alien は「外国人、在留外国人；外国の、外国人の」。alien registration は「外国人登録」のこと。

(a) aid は名詞の場合「援助、援助者」、動詞の場合「援助する」の意味。

(c) alternate は形容詞の場合「交互に現れる、交替の」、動詞の場合「交互にする、交替で〜する」。名詞は alternation で「交替、一つおき」の意味。

Q. 117 「小銭が不足しているので銀行に行くつもりです」を英語でいうと、
We're running out of (　　　　), so I'm going to the bank. である。

(a) change
(b) charge
(c) check

Q. 118 「政府はこの幹線道路の制限速度を時速 100 キロから 80 キロに引き下げた」を英語でいうと、
The government lowered the speed limit on this highway from 100 to 80 kilometers (　　　　) である。

(a) by the hour
(b) in an hour
(c) per hour

解答・解説

Q 117 (a) change

(a) change は「小銭、両替」のこと。small change を用いることもある。

(b) charge には「料金」の他に、「責任、義務、負担、告訴」の意味がある。また、動詞で「請求する」の意味がある。charge A B で「AにB（の代金など）を請求する」。

(c) check は「小切手」のこと。small check は「小口小切手」、checkbook は「小切手帳」。
A run out of B は「A は B を切らしてしまう」という意味。A be running out of B と進行形にすれば、「A には B がなくなりかけている」という意味。We are short of change. は We're running out of change. と同義。

Q 118 (c) per hour

(c) per hour は「1 時間あたり」。an hour ともいう。per は無冠詞単数名詞の前で「〜につき」の意味。

(a) in an hour は「1 時間たったら」の意味。この in は期間を表し「〜の間に、〜のうちに」。Our boss will be back in half an hour. は「30 分で上司は戻ります」の意味。

(b) by the hour は「1 時間ごとに」。この by は「〜単位で、〜ごとに」という意味である。I am paid by the hour. は「私は時給制である」。
speed limit は「制限速度」。

Q 119 「税務署員は所得税控除について詳細に説明した」を英語でいうと、

The tax officer explained the income tax credit (　　　　). である。

(a) at length
(b) at least
(c) at the latest

Q 120 「取締役会に出席するために、出張の手配を秘書に頼んだ」を英語でいうと、

I asked my secretary to make the travel arrangement for me to attend the (　　　　) meeting. である。

(a) board of directors
(b) board of education
(c) tourist board

解答・解説

Q 119 (a) at length

(a) at length は「詳細に」。また、文頭で用いる場合は、「(長時間かかって）ついに、ようやく」の意味で、at last と同義である。At length I passed the national law exam.は「ついに弁護士の国家試験に合格した」。

(b) at least は「少なくとも」。At least three people were arrested for embezzlement.「少なくとも3人が横領で逮捕された」。

(c) at the latest は「遅くとも」。at the earliest は「早くても」。tax officer は「税務署員」。tax office は「税務署」のこと。

income tax credit は「所得税控除」。income tax deduction ともいう。

explain A は「A を説明する」、explain A to B は「A を B に説明する」。名詞は explanation で「説明」。

Q 120 (a) board of directors

(a) board of directors は「取締役会、理事会」のこと。

(b) board of education は「教育委員会」。

(c) tourist board は「観光局」のこと。他に、tourist を用いた表現には、tourist attraction「観光名所」、tourist industry「旅行業界」、tourist office「観光案内所」、tourist ticket「周遊券」などがある。また、travel agency は「旅行代理店」、travel agent は「旅行業者」、travel expenses は「旅費」のこと。

make travel arrangements は「出張・旅行の手配をする」。

Q 121 「緊急時には、全てのエレベーター、エスカレーターは一時停止します」を英語でいうと、
(　　　　　　) emergency, all the elevators and escalators will be temporarily suspended. である。

(a) In place of
(b) In response to
(c) In the event of

Q 122 「経費削減計画の一環として、研究開発費が削減されるでしょう」を英語でいうと、
The budget for (　　　　　　) and development will be decreased as part of a cost-cutting plan. である。

(a) laboratory
(b) lavatory
(c) research

解答・解説

Q. 121 (c) **In the event of**

(c) in the event of ～は「～の場合には」の意味で、in case of ～も同義。in the event of emergency は「緊急の場合には」という意味。

(a) in place of ～は「～の代わりに」の意味で、instead of ～と同義。

(b) in response to ～は「～に応じて、～に応えて」。In response to a request from students, a supplementary class will start next month. は「生徒の要望にこたえて、来月から補習授業が始まります」という意味。

temporarily は「一時的に、臨時に」という意味の副詞。形容詞は temporary で「一時的な、臨時の、仮の」。temporary housing は「仮設住宅」のこと。

suspend は「(機能などを) 一時停止する、一時中断する」。

Q. 122 (c) **research**

(c) research and development で「研究開発」の意味。R & D と表記する場合もある。research は「研究」、development は「開発」。

(a) laboratory は「研究所、研究室」の意味で、lab ともいう。

(b) lavatory は「洗面所、トイレ」のことで、restroom ともいう。

cost-cutting plan は「経費削減計画」。

Q 123 「前菜に、スープかサラダはいかがですか？」を英語でいうと、

How about soup or salad for an (　　　)? である。

(a) apparel
(b) appetite
(c) appetizer

Q 124 「現在の月々の家賃には、電話料金を除いたすべての公共料金が含まれています」を英語でいうと、

The current monthly rent includes all (　　　), excluding the telephone bill. である。

(a) electricity
(b) expense
(c) utilities

解答・解説

Q.123 (c) appetizer

(c) appetizer は名詞で「前菜、食前酒」のこと。「食前酒」の意味では aperitif を使うこともある。

(a) apparel は「衣服、衣料品」のこと。the apparel industry は「アパレル産業」のこと。

(b) appetite は名詞で「食欲」の意味。have an appetite は「食欲がある」。

How about ～？は、何かを提案したり、人を誘ったりする時の表現で「～はいかがですか」。What do you say to ～? を用いることもある。What do you say to having lunch with me? は「お昼を一緒にどうですか」の意味。

Q.124 (c) utilities

(c) utilities は「(電気・ガス・水道などの) 公共料金」。utility company は「公益事業会社、電力会社」のこと。

(a) electricity は名詞で「電気、電力」。electricity bill は「電気料金」のことで、power bill ともいう。他に、bill を用いた表現には、telephone bill「電話料金」、doctor [medical] bill「医療費、医療費請求書」などがある。

(b) expense は「費用、犠牲」の意味。複数形の expenses は「経費」のこと。at the expense of ～は「～の費用で、～を犠牲にして」の意味。She worked hard at the expense of her health. は「彼女は健康を犠牲にして一生懸命に働いた」という意味。

Q.125 「総額1000ドル以上の御利用で、次回のお買い物が10％オフになる割引券を差し上げます」を英語でいうと、

Spend $1,000 or more and you get a (　　　　) entitling you to 10% off your next purchase. である。

(a) discount bill
(b) discount bond
(c) discount voucher

Q.126 「ゴールデン・エキスプレス・カードの年会費は、年間に総額3000ドル以上のご利用で無料になります」を英語でいうと、

The annual fee for the Golden Express credit card will be (　　　　) by making annual purchases of over $3,000 in total. である。

(a) waived
(b) warranted
(c) withdrawn

解答・解説

Q 125 (c) discount voucher

(c) discount voucher は「(一定以上の買い物をした人がもらえる) 引換券、割引券」。voucher for a free meal in the hotel cafe は「ホテル内のカフェの無料食事券」のこと。voucher には「領収書」の意味もある。voucher for moving expenses は「転居費の領収書」。

(a) discount bill は「割引手形」。

(b) discount bond は「割引債」。
entitle A to B は「A (人) に B の権利・資格を与える」。entitle A to do は「A (人) に〜する権利・資格を与える」。また、entitled 〜には「〜という題の」という意味もある。

Q 126 (a) waived

(a) waive は「(規則などの) 適用を控える、(権利・請求権など) を放棄する」という意味の動詞。

(b) warrant は「(品質などを) 保証する」。

(c) withdraw は「(預金を) 引き出す、(約束などを) 撤回する」。I will go to the bank to withdraw some money. は「お金を引き出すために銀行に行く」という意味。

ここでの purchase は名詞で「買い物、購入品」。

in total は「合計で、全体で」。Our company employs ten thousand people in total. は「我が社には合計 10,000 人の従業員がいる」という意味。

Q 127 「障害者用駐車スペースへの違法駐車には、罰金100ドルが科せられます」を英語でいうと、

The (　　　　　) for illegal parking in a designated handicapped parking space is $100. である。

(a) figure
(b) fine
(c) fix

Q 128 「アウトソーシングは我が社の収益性を向上させるでしょう」を英語でいうと、

Outsourcing will increase the (　　　　　) of our company. である。

(a) profits
(b) profitability
(c) profitable

解答・解説

Q. 127 (b) fine

(b) fine は名詞で「罰金」の意味。pay a fine は「罰金を払う」、incur a fine は「罰金を被る」。

(a) figure は「数字、数」の他に「図、図表、人物、人の姿」の意味で用いられる。sales figures は「売上高、販売数量」のこと。

(c) fix は名詞の場合「修理、調整」、動詞の場合「修理する、決める、固定する、(問題などを)解決する」の意味。Let's fix this problem ASAP! は「できるだけ早くこの問題を解決しましょう」。

handicapped は形容詞で「障害のある」。the handicapped は「障害者」のこと。なお、disabled person も「身体障害者」の意味。disability は「身体障害」。

designated は「指定の、指定された」。

Q. 128 (b) profitability

(b) profitability は名詞で「収益性、利益性」。ちなみに、productivity は「生産性」。

(a) profit は名詞の場合「利益」、動詞の場合「利益を得る」という意味になる。profit from ~ は「~からの利益;~から利益を得る」。

(c) profitable は形容詞で「利益を生み出せる、有益な」。profitable discussion は「有益な議論」の意味。outsourcing は「アウトソーシング、外注、外部委託」。動詞は outsource で「外注する、外部に委託する」。

Q. 129 「昇進は、人事部による年間の業績評価に基づいている」を英語でいうと、
(　　　　) is based on the annual performance review conducted by the personnel department. である。

(a) Procurement
(b) Prohibition
(c) Promotion

Q. 130 「私は就職の面接で担当者に良い印象を与えるよう全力を尽くします」を英語でいうと、
I'll do my best to make a good (　　　　) on the people in charge at the job interview. である。

(a) impress
(b) impression
(c) impressive

解答・解説

Q.129 (c) Promotion

(c) promotion は「昇進、昇格、促進、宣伝」の意味。sales promotion は「販売促進活動」のこと。get a promotion は「昇格する」、one's promotion to ～は「～への昇進」。

(a) procurement は「(必需品・商品などの) 調達、仕入れ」のこと。動詞は procure で「～を調達する、仕入れる」。procure A from B は「A を B から調達する」の意味。Procure the necessary items from the dealer. は「業者から必需品を仕入れて下さい」。

(b) prohibition は「禁止」。動詞は prohibit で「禁止する」。prohibit A from doing で「A が～するのを禁止する」。We are prohibited from smoking in the building. は「建物内は禁煙です」の意味。

the personnel department は「人事部」。the human resources department ともいう。

performance review は「業績評価」。ちなみに、appraisal は「勤務評定」の意味で用いられる。

Q.130 (b) impression

(b) impression は「印象」。make a good impression on ～で「～に好印象を与える」。make a positive impression on ～ということもできる。

(a) impress は「(人に) 印象を与える、感銘を与える」という意味の他動詞。

(c) impressive は形容詞で「印象的な」。
do one's best は「最善を尽くす」。
job interview は「(就職の) 面接」。

Q 131 「ABC社の倒産は昨日公表された」を英語でいうと、
The (　　　　　) of the bankruptcy of ABC Corporation was released to the public yesterday. である。

(a) announcement
(b) entertainment
(c) refreshment

Q 132 「アメリカ文学のクラスは定刻通りに始まりますので、時間厳守でお願いします」を英語でいうと、
Please be (　　　　　), as the American Literature class will start on time. である。

(a) practical
(b) preliminary
(c) punctual

解答・解説

Q 131 (a) announcement

(a) announcement は「発表、告知」。動詞は announce で「発表する、告知する」。announce (to A) that ～は「(A に) ～を発表する、告知する」。

(b) entertainment は「娯楽」。動詞は entertain で「(人を)楽しませる」。

(c) refreshment は「元気回復」のこと。複数形の refreshments は「軽食」。Refreshments will be served at the party. は「パーティーでは軽食が出されます」の意味。

bankruptcy は「破産、倒産」。file for bankruptcy で「破産の申請をする」の意味。go into bankruptcy は「倒産する」。go bankrupt ともいう。

release は「公表する、発表する」。名詞で「発表」の意味もある。

Q 132 (c) punctual

(c) punctual は「時間を厳守する、時間通りの」という意味の形容詞。名詞の punctuality は「時間厳守」。

(a) practical は「実用的な、現実的な、実質的な」。with practical unanimity は「ほぼ満場一致で」。practically unanimous は「ほぼ満場一致の」。

(b) preliminary は「予備の；予選、準備段階」の意味。preliminary survey は「予備調査」、preliminary treaty は「予備協定」のこと。

literature は「文学」。

on time は「時間通りに、定刻通りに」。

Q. 133 「宿泊費については、クレジットカードか銀行振り込みによる前払いでお願い致します」を英語でいうと、
For your (　　　　) fee, please pay in advance by credit card or bank transfer. である。

(a) accommodation
(b) accumulation
(c) allocation

Q. 134 「この仕事に応募するには、学歴と職歴を記入した履歴書を送付してください」を英語でいうと、
To apply for this position, please send us a (　　　　) that includes your academic background and work experience. である。

(a) assume
(b) consume
(c) résumé

解答・解説

Q 133 (a) accommodation

(a) accommodation は「宿泊施設」。accommodation fee は「宿泊費」である。動詞の accommodate は「収容できる、(必要なものを) 提供する」。This hotel can accommodate 3,000 guests. は「このホテルは3,000人宿泊できる」。This hotel has accommodations for 3,000 guests. ともいう。

(b) accumulation は「蓄積」の意味の名詞。動詞は accumulate で「蓄積する」。

(c) allocation は「割当て、配分、割当て額」。動詞は allocate で「(資金・役割などを) 割当てる、配分する」。
in advance は「前もって、前金で」。
bank transfer は「銀行振替、銀行振り込み」。

Q 134 (c) résumé

(c) résumé は「履歴書」のこと。CV (curriculum vitae) も同義。personal history ともいう。

(a) assume は動詞で「〜と見なす、仮定する、(責任を) 負う」。assume responsibility は「責任を負う」。

(b) consume は動詞で「消費する、使い果たす」。名詞の comsumption は「消費」、consumer は「消費者」。
work experience は「職歴」のことで、working experience、job experience ともいう。What kind of working experience is required for the position? は「その職にはどのような職務経験が必要ですか」の意味。
academic background は「学歴」。educational background も同義。

Q 135 「留学生については、願書を記入して、11月25日までに入学事務局に提出してください」を英語でいうと、
For international students, please complete your application form and submit it to the (　　　　) office by November 25th. である。

(a) administration
(b) admiration
(c) admissions

Q 136 「私は六ヶ月の英語集中講座を受講し、修了証書を得ました」を英語でいうと、
I enrolled in the six-month (　　　　) course in English, and received a certificate. である。

(a) excessive
(b) extensive
(c) intensive

解答・解説

Q．135 (c) admissions

(c) admissions office は「入学事務局、入学者選抜事務局」のこと。admission には「入学、入社、入場、入場料、許可」の意味がある。

(a) administration は「管理、運営、経営」のこと。the administration は「経営陣」。形容詞は administrative で「経営上の、管理上の」という意味。

(b) admiration は「感嘆、賞賛」。動詞は admire で「感嘆・賞賛する」。

international students は「留学生」。

Q．136 (c) intensive

(c) intensive は形容詞で「集中的な、徹底的な」。the six-month intensive course は「6ヶ月の集中講座」。intensive-care unit は「集中治療室」のことで、ICU ともいう。

(a) excessive は形容詞で「過度の」。名詞は excess で「超過、過剰」、副詞は excessively で「過度に」。

(b) extensive は形容詞で「広範囲に及ぶ、広大な、大規模な」の意味。

enroll は「(大学などに) 入る、履修登録をする」。enroll in the English language course は「英語コースに登録する」、enroll at the university は「その大学に入学する」という意味。

ここでの certificate は名詞で「証明書、修了証書」。動詞で「〜に証明書を与える」の意味もある。

Q 137「ほとんどの教授が仕事を抱えすぎていることを、教授会は認めている」を英語でいうと、
At the faculty meeting, it is admitted that most professors have too heavy a (　　　). である。

(a) workload
(b) workout
(c) workshop

Q 138「どの講座が学部の学生向けでしょうか？」を英語でいうと、
Which course is suitable for (　　　)? である。

(a) geography students
(b) graduate students
(c) undergraduate students

解答・解説

Q 137 (a) workload

(a) workload は「仕事量」のこと。

(b) workout は名詞で「運動、トレーニング」の意味。work out は「運動する、トレーニングする」の他に、「やり遂げる、(問題などを) 解く」の意味でも用いられる。You can work it out. は「やればできるよ」の意味。

(c) workshop は「研修会、講習会」。
faculty meeting は「教授会」。faculty は「教授陣、学部」の意味。通例、「学部」は faculty、「学科」は department である。

Q 138 (c) undergraduate students

(c) undergraduate students は「(大学院生に対して) 学部の学生」。

(a) geography students は「地理学専攻の学生」。geography は geo-「土地」＋-graphy「記述したもの」ですから、「地理、地理学」のこと。ちなみに、geology は「地質学」、geometry は「幾何学」。

(b) graduate students は「大学院生」。graduate school は「大学院」のこと。ちなみに、graduated students は「卒業生」で alumni と同義。
suitable for ～は「～に向いている、適している」という意味。appropriate for ～と同義。

Q 139 「ご希望があれば、様々なお食事をご自宅までお届けいたします」を英語でいうと、
If you prefer, we can (　　　　) a variety of meals at your location. である。

(a) cater
(b) censor
(c) chat

Q 140 「このウェブページには、有名シェフのメイン料理のレシピがカラーのイラスト付で掲載されている」を英語でいうと、
This web page features some of the famous chef's (　　　　) recipes with full-color illustrations. である。

(a) entitle
(b) entrance
(c) entrée

解答・解説

Q. 139 (a) cater

(a) cater は動詞で「(パーティーなどの) 料理を提供する、料理をまかなう」という意味。名詞は catering で「ケータリング、出前、仕出し」のこと。

(b) censor は「(出版物などを) 検閲する；検閲官」。

(c) chat は「おしゃべりする、談笑する；歓談、おしゃべり」の意味。He chatted with his friend about stocks over a glass of wine. は「彼はワインを飲みながら株について友人と歓談した」という意味。

a variety of ~は「様々な」の意味で、various と同義。prefer A to B は「B より A を好む」。名詞は preference「優先、選択」。

Q. 140 (c) entrée

(c) entrée は「メイン料理、アントレ」。What would you like for the entrée? は「メイン料理は何になさいますか」の意味。

(a) entitle は動詞で「~に権利・資格を与える」という意味でしたね。Our company is entitled to publish the dictionary. は「我が社はその辞書の出版権を持っている」という意味。This coupon entitles you to free alcoholic drinks. は「このクーポン券でアルコール飲料が無料で飲める」。

(b) entrance「入り口、入学」。反義語は exit で「出口」の意味。emergency exit は「非常口」のこと。
recipe は「レシピ、料理の作り方」。

Q 141 「展示会にご出席されるかどうか、10月30日までに招待状へのご返事をお願い致します」を英語でいうと、
We need a response to this invitation by October 30th indicating whether or not you will take part in the (　　　　). である。

(a) exhibition
(b) experiment
(c) expertise

Q 142 「今夜は各分野で国際的に認められている3名の科学者の方々をはじめ、様々なゲストスピーカーをお招きしています」を英語でいうと、
Tonight we have a (　　　　) range of guest speakers, including three internationally recognized scientists in their respective fields. である。

(a) diverse
(b) diversify
(c) diversity

解答・解説

Q. 141 (a) exhibition

(a) exhibition は名詞で「展示会、展覧会」。動詞は exhibit で「展示する」。

(b) experiment は「実験；実験をする」。carry out experiments on ～は「～の実験をする」という意味。perform experiments on ～ともいう。

(c) expertise は名詞で「専門知識、専門技術」のこと。
response to ～は「～への返答、回答、反応」。動詞の respond to ～は「～に返事をする、回答する、反応する」。
indicate は「表す、示唆する、ほのめかす」。名詞は indication で「指示、表示、指摘」の意味。
invitation は「招待、案内（状）」。invite A to B で「A（人）を B（食事など）に招待する」の意味。
take part in ～は「～に参加する」という意味。participate in ～も同義。participant in ～は「～の参加者」。

Q. 142 (a) diverse

(a) diverse は形容詞で「多様な、異なった」。varied、different も同義。

(b) diversify は動詞で「多角化する、多様化させる」。diversification は「多様化、多様性」の意味。

(c) diversity は名詞で「多様性」。
range は「範囲、領域、（商品の）品揃え」。
guest speakers は「招待講演者、講師、ゲストスピーカー」。

Q 143 「クレジットカードの所有者は、カード詐欺から身を守る方法を説明する通知を書面で受け取った」を英語でいうと、

Credit-card (　　　　) received written notices explaining how to protect themselves from credit card fraud. である。

(a) holders
(b) honors
(c) households

Q 144 「この敷地内では、無断駐車の車を、所有者の負担でレッカー移動致します」を英語でいうと、

Any car parked without permission in this area will be (　　　　) at the owner's expense. である。

(a) tilted
(b) tied
(c) towed

Q 143 (a) holders

(a) holder は「所有者」の意味。credit-card holder は「クレジットカードの所有者」。

(b) honor は「名誉、光栄 ; 〜をたたえる、〜に敬意を表する」。It is a great honor to meet you. は「お会いできるのは大変光栄です」という意味。honorary は形容詞で「名誉上の、名誉職の」。

(c) household は名詞で「世帯、家族」の意味。
notice は名詞の場合「通知、通告、注意」である。動詞の場合 notice A do や notice A doing で「A が〜する・しているのに気づく」という意味。written notice は「文書・書面による通知」。
credit-card fraud「クレジットカード詐欺」。fraud は「詐欺」のこと。

Q 144 (c) towed

(c) tow は「(車などを) 牽引する、レッカー移動する」。

(a) tilt は「(首を) かしげる、傾ける」という意味。The man tilted his head. は「男性は首をかしげた」。

(b) tie は「(ネクタイ、紐などを) 結ぶ、つなぐ、結び付ける、縛る」という意味。
without permission で「許可なく、無断で」という意味。動詞の permit は per-「通して」＋-mit「送る」で、「(公的に) 〜を許可する」の意味。permit A to do は「A が〜することを許可する」。

Q 145 「候補者たちは市議会議員選挙に立候補する準備をしている」を英語でいうと、

Candidates are preparing to run in the (　　　　) elections. である。

(a) general
(b) municipal
(c) regional

Q 146 「今後 24 時間で米国東部では気温が大きく低下するでしょう」を英語でいうと、

The eastern part of the U.S. will see a big drop in (　　　　) over the next 24 hours. である。

(a) termination
(b) temperature
(c) thermometer

解答・解説

Q 145 (b) municipal

(b) municipal election は「市議会議員選挙」のこと。形容詞の municipal は「自治都市の、市の、町の」。municipal government は「市政」。local government は「地方自治体」のこと。

(a) general election は「総選挙」。general は「全体の、全般の」という意味。

(c) regional election は「地方選挙」のこと。regional は形容詞で「地方の」。名詞は region で「地方、地域」の意味。

candidate は「候補者、志願者」。candidate for 〜「〜の候補者、〜の志願者」。the candidates for president は「大統領候補、社長候補」の意味。

run in 〜は「(選挙などに) 立候補する」。run for 〜は「(地位などに) 立候補する」の意味で、run for mayor は「市長に立候補する」。

Q 146 (b) temperature

(b) temperature は「温度、気温」。

(a) termination は「終了、終結」。動詞の terminate は「〜を終結させる、終わる、集結する」という意味。

(c) thermometer は「温度計」のこと。clinical thermometer は「体温計」。

drop は「(温度の) 降下、(物価の) 下落、一滴」の意味。big drops of rain は「大粒の雨」、a big drop in prices は「物価の大幅な下落」。

Q. 147 「懇親会の会場は以下のように変更になりましたので、ご注意ください」を英語でいうと、
Please note that the (　　　　) for the get-together was changed as follows. である。

(a) vehicle
(b) vendor
(c) venue

Q. 148 「履修登録の前に、講師が準備したシラバスをよく読んでください」を英語でいうと、
Before (　　　　), carefully read the syllabus prepared by the instructor. である。

(a) registration
(b) relocation
(c) resignation

解答・解説

Q 147 (c) venue

(c) venue は「会場、開催地」。venue for 〜で「〜の開催地」の意味。

(a) vehicle「乗り物、車、伝達手段、媒体」。a four-wheel-drive vehicle は「4輪駆動車」のこと。

(b) vendor は「納入業者、行商人、自動販売機」の意味。vending machine も「自動販売機」。

Please note that 〜 は「〜に注意してください、注目してください」。

get-together は「(非公式の) 集まり、懇親会」。

as follows は「次の通りに、以下の通りで」の意味。

Q 148 (a) registration

(a) registration は「登録、履修登録」。動詞は register で「登録する、履修登録する」。register for a course in business administration は「経営学の科目を履修登録する」という意味。sigh up for a course in business administration ともいう。

(b) relocation は「転勤、再配置、移住」。動詞の relocate は「〜を転勤させる、移住させる、配置換えする」。

(c) resignation は「辞職、辞任」。動詞は resign で「(地位・職などを) 辞職する、辞任する」という意味。

syllabus は「シラバス、(講義などの) 概要」。

instructor は「教師、(大学の) 専任講師」。

Q 149 「津波警報のサイレンを聞いたら、ただちに高所に移動してください」を英語でいうと、
If you hear the tsunami (　　　　　) siren, move to higher ground immediately! である。

(a) commuting
(b) greeting
(c) warning

Q 150 「ごみを捨てる前に、燃えるごみと燃えないごみに分別していることを確かめて下さい」を英語でいうと、
Before you (　　　　　) the trash, make sure you separate it into burnable and unburnable. である。

(a) carry out
(b) keep out
(c) throw out

解答・解説

Q 149 (c) warning

(c) warning は「警報、警告」。tsunami warning は「津波警報」のこと。alert も「警報」の意味で用いられる。

(a) commuting は「通勤」。commute は「通勤する」の意味。commuting train は「通勤電車」のことで、commuter train ともいう。

(b) greeting は「挨拶」。動詞の greet は「～に挨拶をする」。

immediately は「すぐに、ただちに」。right away、at once も同義。

delay は「遅れ、遅延；～を遅らせる」。We were delayed by the traffic jam. は「交通渋滞で遅れた」という意味。

Q 150 (c) throw out

(c) throw out は「～を捨てる」の意味で、throw away、discard も同義。

(a) carry out は「行う、実施する」。carry out the responsibilities は「責務を遂行する」、carry out the order は「命令を遂行する」という意味。

(b) keep out は「中に入らない」。keep out of ～で「～の中に入らない、～に近づかない」という意味。

trash は「ごみ、くず」。garbage「（台所などの）生ごみ」のこと。trash can、garbage can、garbage box は「ごみ箱」のこと。

burnable は「可燃性のもの；可燃性の」、unburnable は「不燃性のもの；不燃性の」。

Q 151「お部屋を不十分な状態でチェックアウトされた場合、クリーニング代や修理代を請求される場合がございます」を英語でいうと、

If your room is in unsatisfactory condition when you check out, you may be (　　　　　) for cleaning or repair. である。

(a) ceased
(b) charged
(c) conveyed

Q 152「妊婦には多くのミネラル、ビタミン、栄養素が必要である」を英語でいうと、

Pregnant women need lots of minerals, vitamins, and (　　　　　) food. である。

(a) numerous
(b) nutrients
(c) nutritious

解答・解説

Q. 151 (b) charged

(b) charge は「請求する」。charge A B for C で「C の料金として B の金額を A に請求する」という意味。You may be charged 5% extra for this service. は「5％の追加サービス料がかかります」という意味。

(a) cease は「(活動などを) やめる、中止する、(継続していることが) 終わる」。

(c) convey は「(人・物を) 運搬する、運ぶ、(思想などを) 伝達する」。

Please convey my best [kindest] regards to Mr. Campbell. は「キャンベルさんによろしくお伝え下さい」の意味。Please give my best [kindest] regards to Mr. Campbell. ともいう。また、Say hello to Mr. Campbell for me. ということもある。

check out は「(ホテルなどを) チェックアウトする、出る」。「(本を) 借り出す」の意味もある。check in は「(ホテルなどに) チェックインする」。

Q. 152 (c) nutritious

(c) nutritious は形容詞で「栄養分のある、健康によい」。nutritious food は「栄養素、栄養物」のこと。

(b) nutrients は「栄養素」の意味。

(a) numerous は形容詞で「多数の、たくさんの」。numerous family は「大家族」。large family, big family ともいう。

pregnant は形容詞で「妊娠中の」。pregnant woman は「妊婦、妊娠した女性」。pregnancy は名詞で「妊娠、妊娠期間」の意味。

Q 153 「彼は営業部長のポストにふさわしい」を英語でいうと、
He is (　　　　　) for the post of sales manager.
である。

(a) eligible
(b) feasible
(c) incredible

Q 154 「所持品について税関申告書に記入するよう義務付けられています」を英語でいうと、
You are required to fill out a customs (　　　　　) about your belongings. である。

(a) declaration
(b) dedication
(c) deduction

Q.153 (a) eligible

(a) eligible for ～は「(職・地位などに) ふさわしい」。
be eligible to do は「～する資格がある」という意味。

(b) feasible は「実現可能な」。feasible project は「実行可能なプロジェクト」の意味。名詞は feasibility で「実現可能性」。

(c) incredible は「信じられない」という意味の形容詞で、credible「信頼される、当てになる」の反義語。cred- には「信用する」という意味がある。

Q.154 (a) declaration

(a) declaration は「申告書、申告、宣言、公表」の意味。customs declaration は「税関申告書」。動詞は declare で「(税関・税務署で) 申告する、宣言する」。

(b) dedication は「専念、献身」。I am grateful to you for your dedication to our corporation's development. は「我が社の発展に献身してくださったことに感謝しています」という意味。動詞の dedicate は「(時間などを) ～にささげる、専念する、献身する」。be dedicated to ～で「～に専念して、献身して」の意味。

(c) deduction は「差引き、控除」。動詞は deduct で「～を差し引く、控除する」。
be required to do は「～するよう義務付けられている、～する必要がある」。
fill out は「(必要事項などを) 記入する」の意味。
belongings は「所持品」。

Q 155「ABC 航空は来週より燃油サーチャージを設定させていただくことになりました」を英語でいうと、
ABC Airlines decided to (　　　　　) a fuel surcharge on airfares from next week. である。

(a) impose
(b) import
(c) invoice

Q 156「航空運賃は発着日によって変更する可能性があります」を英語でいうと、
Airfares may (　　　　　) according to the departure and return dates. である。

(a) dairy
(b) mandatory
(c) vary

解答・解説

Q 155 (a) impose

(a) impose A on B で「BにA（義務・仕事・税金など）を課す」という意味。

(b) import は動詞の場合「輸入する」、名詞の場合「輸入」の意味。複数形の imports は「輸入品」のこと。反義語は export で「輸出する；輸出」。exports は「輸出品」。

(c) invoice は名詞で「送り状、明細記入請求書」のこと。Please remit the amount on the invoice by May 10th. は「送り状に記載の金額を5月10日までに送金してください」の意味。remittance は「送金」。
fuel surcharge は「燃油サーチャージ」。surcharge は「追加料金」のことで、extra charge ともいう。
airfare は「航空運賃」。fare は「運賃」のこと。

Q 156 (c) vary

(c) vary は動詞で「変化する、変動する、異なる」。Tax varies according to the individual's income. は「税額は個人の収入によって異なる」という意味。

(a) dairy は形容詞で「乳製品の」。dairy products は「乳製品」のこと。

(b) mandatory は形容詞で「義務的な、強制的な、必須の」という意味。It is mandatory that you attend the sales strategy meeting. は「君は販売戦略会議に出席しなければならない」。It is mandatory for you to attend the sales strategy meeting. ともいう。
according to ～ は「～によって」の意味。in accordance with ～も同義。

Q 157「IT はインドの発展において重要な役割を果たしている」
を英語でいうと、
IT is playing a (　　　　　) role in the development of India. である。

(a) confident
(b) courteous
(c) crucial

Q 158「何かご質問があれば、内線 426 番のフロントデスクにお電話ください」を英語でいうと、
If you have any questions, please call the front desk at (　　　　　) number 426. である。

(a) exclusion
(b) expectation
(c) extension

解答・解説

Q. 157 (c) crucial

(c) crucial は形容詞で「重大な、厳しい、困難な」。critical も「重大な」の意味で用いられる。

(a) confident は形容詞で「確信している、自信がある、自身に満ちた」という意味。be confident of 〜は「〜を確信している」、be confident that 〜は「〜であることを確信している」。名詞は confidence で「自信、確信」。

(b) courteous は形容詞で「礼儀正しい、丁寧な」の意味。polite、respectful と同義。
play a role in 〜は「〜において役割を果たす」。
IT は information technology の頭字語で「情報技術」。

Q. 158 (c) extension

(c) extension は「（電話の）内線」のことで、ext. と表記することもある。extension number は「内線番号」。extension は他に「拡張、拡張、増築、延期」の意味でも用いられる。動詞は extend で「伸ばす、延長する」。

(a) exclusion は「除外、排除」の意味。exclusion from 〜は「〜からの除外、排除」。exclusion clause は「（保険契約などの）免責事項」のこと。

(b) expectation は「予期、期待」。with the expectation of 〜は「〜を期待して」という意味。

Q 159「アメリカ合衆国大統領は増税に賛成である」を英語でいうと、

The President of the United States is (　　　　) increasing taxes. である。

(a) against
(b) agree to
(c) in favor of

Q 160「使用説明書にしたがって、必ずシューズにスパイクをきちんと装着してください」を英語でいうと、

Please follow the (　　　　) to insure that the spikes are properly installed in your shoes. である。

(a) inspections
(b) installments
(c) instructions

解答・解説

Q.159 (c) in favor of

(c) in favor of は「〜に賛成して」。

(a) against は「〜に反対して」。

(b) agree to 〜は「(意見・考えなどに) 賛成する」の意味。agree with 〜は「(人に) 賛成する」。
increase taxes は「増税する」。cut taxes は「減税する」である。

Q.160 (c) instructions

(c) instructions は「使用説明書、指示、命令」の意味で、directions と同義。instructions on 〜は「〜に関する使用説明書」。directions for 〜ともいう。また、directions には「道順」の意味もある。Could you give me directions to the City Hall? は「市役所までの道順を教えていただけませんか」。

(a) inspection は「調査、点検、検査、視察」のこと。customs inspection は「税関の検査」、on closer inspection は「よく調べてみると」の意味。動詞は inspect で「調査する、点検する」。

(b) installment は「取り付け、据え付け」。installation も同義。なお、installment には「分割払込金」の意味もある。
properly は副詞で「適切に」。形容詞は proper で「適切な」。
insure that 〜は「〜であることを確実にする」の意味で、ensure that 〜も同義。

Q 161 「さらに、大学の授業料は3年連続で値上がりした」を英語でいうと、
(　　　　　　), college tuition has increased for three consecutive years. である。

(a) Anyway
(b) Furthermore
(c) Therefore

Q 162 「郵便局は市役所の隣にある」を英語でいうと、
The post office is (　　　　　　) to the City Hall. である。

(a) addicted
(b) adequate
(c) adjacent

Q. 161 (b) Furthermore

(b) furthermore は副詞で「その上、さらに」の意味。moreover、besides、in addition、what is more も同義。

(a) anyway は副詞で「ともかく、いずれにせよ」の意味。

(c) therefore は副詞で「それゆえ、従って、その結果」。consecutive は形容詞で「連続した、連続的な、継続的な」。Stock prices rose for three consecutive days. は「株価が3日連続で上昇した」という意味。
tuition は「(大学などの) 授業料」のことで、tuition fee ともいう。

Q. 162 (c) adjacent

(c) adjacent to ～は「～の隣にある」という意味。be adjacent to ～と adjoin ～は同義。

(a) addicted to ～は「～中毒である、～に熱中している」。My father is no longer addicted to nicotine. は「父は今ではニコチン中毒ではない」という意味。名詞は addiction で「中毒、熱中」。The number of Internet users suffering from Web addiction has been dramatically increasing. は「ネット中毒に苦しんでいるインターネット利用者数は劇的に増えている」という意味。

(b) adequate for [to] ～は「～に適した」という意味で、suitable for [to] ～と同義。また、adequate には「十分な」という意味もある。collect adequate data は「十分なデータを収集する」。

Q 163 「男性は右手に受話器を持っている」を英語でいうと、The man is (　　　) the receiver in his right hand. である。

(a) healing
(b) holding
(c) hurrying

Q 164 「全客室に 42 インチテレビが完備されています」を英語でいうと、Every guest room is (　　　) with a 42-inch TV. である。

(a) at home
(b) fed up
(c) equipped

解答・解説

Q. 163 (b) holding

(b) hold は「(物などを) 持っている、握っている」の意味。他に、「(会などを) 開く、開催する」という意味も重要。We will hold our monthly meeting tomorrow. は「明日、月例会を開く」という意味。

(a) heal は動詞で「(人、傷などを) 治す、(傷などが) 治る」という意味。cure にも「治す、治療する」の意味があり、This new drug cured my skin rash. は「この新しい薬で肌の吹出物が治った」。cure A of B で「A の B を治療する」。

(c) hurry は自動詞で用いられることが多く、「急ぐ」という意味。Let's hurry to the bus stop; otherwise, we'll miss the bus. は「バス停に急ごう。さもないと、バスに乗り遅れるよ」。

receiver は「受話器」。

Q. 164 (c) equipped

(c) A be equipped with B で「A (場所など) に B を備え付けている」という意味。名詞の equipment は「備品、設備、道具、器具」のこと。medical equipment は「医療器具」。

(a) be at home with ~は「~に精通している」。be familiar with ~も同義である。

(b) be fed up with ~は「~にうんざりしている」という意味で、be bored with ~や be tired of ~と同義。guest は「(ホテルの) 宿泊客、招待客、来客」。

Q 165 「このメールの目的は、会議の予定変更を皆さんにお知らせすることです」を英語でいうと、

The purpose of this e-mail message is to (　　　　　) you of a change in the schedule of the meeting. である。

(a) incorporate
(b) inform
(c) invite

Q 166 「営業部長が出張中のため、秘書が代理としてプレゼンテーションをした」を英語でいうと、

The secretary made the presentation (　　　　　) the sales manager, who was out of town on business. である。

(a) in charge of
(b) in respect of
(c) on behalf of

解答・解説

Q.165 (b) inform

(b) inform A of [about] B は「AにBを知らせる」という意味。他に、inform A that 〜の形式でも用いられ、「Aに〜のことを知らせる」の意味。

(a) incorporate A into B は「AをBに合併する、組み入れる、編入する」。incorporate には「法人組織にする、株式会社にする」の意味もある。したがって、名詞の incorporation は「合併、法人組織、法人団体、株式会社」。

(c) invite A to B は「A（人）をB（食事など）に招待する」という意味で、ask A to B も同義である。

Q.166 (c) on behalf of

(c) on behalf of 〜は「〜に代わって、〜の代理として」の意味で、in place of 〜と同義。

(a) in charge of 〜は「〜を担当して、〜を管理して、〜を任されて」。

(b) in respect of 〜は「〜については、〜に関する限りは」。

secretary は「秘書」。

make the presentation は「プレゼンテーションをする」。the sales manager は「営業部長」。

out of town on business は「出張中で」。

Q. 167 「私たちの乗る飛行機は午後5時に目的地に到着の予定です」を英語でいうと、
Our flight is (   ) to arrive at our destination at 5:00 p.m. である。

(a) about
(b) bound
(c) scheduled

Q. 168 「あなたの入場券は、6月1日以降は無効のため利用できません」を英語でいうと、
Your ticket is (   ) after June 1st and cannot be used after that date. である。

(a) avoid
(b) divorce
(c) void

解答・解説

Q 167 (c) scheduled

(c) be scheduled to do は「〜する予定である」。as scheduled は「予定通りに」の意味。

(a) be about to do は「まさに〜しようとしている」。be on the point of doing、be on the verge of doing と同義。

(b) be bound to do は「きっと〜する、〜するにちがいない」の意味。You are bound to make it in business. は「君はきっとビジネスで成功するよ」。make it は「成功する」という意味の他に、「(時間に) 間に合う、(目的地に) 到着する、待ち合わせする」という意味で用いられる。What time should we make it? は「何時に待ち合わせますか」。

Q 168 (c) void

(c) void は形容詞で「無効な」。invalid も同義。void contract は「無効な契約」。反義語は valid で「有効な」。This ticket is valid for five days. は「このチケットは5日間有効である」の意味。

(a) avoid は他動詞で「〜を避ける、(契約などを) 無効にする」。avoid doing は「〜しないようにする」の意味。

(b) divorce は「離婚；離婚する」。

Q 169 「現在の経済状況で恩恵を受けている外資系企業もある」を英語でいうと、
Some foreign-(　　　　) corporations are benefiting from the current economic situation. である。

(a) accustomed
(b) affiliated
(c) allergic

Q 170 「工学専攻の学生だけがチャールストン大学のソーラーカー・チームに入ることができる」を英語でいうと、
Only engineering majors can (　　　　) the Charleston University Solar Car Team. である。

(a) boom
(b) fire
(c) join

解答・解説

Q. 169 (b) affiliated

(b) affiliated は形容詞で「関連のある、提携した、付属の」という意味。foreign-affiliated corporation は「外資系企業」のこと。affiliated company は「系列会社、関連会社」。

(a) be accustomed to 〜で「〜に慣れている」。be accustomed to doing とすれば「〜することに慣れている」。be used to doing と同義である。

(c) allergic は形容詞で「アレルギーの」という意味。be allergic to 〜で「〜に対してアレルギーのある」。I am allergic to pollen. は「花粉アレルギーである」の意味。

benefit from 〜は「〜で利益を得る」という意味の他に、「〜の恩恵を受ける」という意味でも用いられる。

Q. 170 (c) join

(c) join は「〜に加わる」。May I join you for lunch? は「昼食をご一緒させていただけますか」という意味。また、自動詞の場合 join in で「(討論などに) 加わる」という意味で用いられる。

(a) boom は自動詞で「(物価などが) 急騰する」の意味。また、名詞で「好景気、好況、繁栄」の意味になる。the boom in land prices は「地価の高騰」。

(b) fire は動詞の場合「〜を解雇する、くびにする」という意味で他動詞。He was fired from Charleston University for some reason. は「彼は何らかの理由でチャールストン大学を解雇された」の意味。

Q. 171 「この工場では、年間約 100 万台のノート型パソコンを生産している」を英語でいうと、
This factory produces approximately one million laptops (　　　). である。

(a) annually
(b) promptly
(c) sincerely

Q. 172 「駅周辺には事業用物件がたくさんある」を英語でいうと、
There are a lot of business (　　　) around the train station. である。

(a) processes
(b) properties
(c) prospects

解答・解説

Q. 171 (a) annually

(a) annually は副詞で「毎年、年に1回」の意味。monthly は「毎月、月に1回」、weekly は「毎週、週に1回」。形容詞は annual で「毎年の、年に1回の、年次の」の意味。annual meeting は「年次会議」、annual paid leave は「年次有給休暇」のこと。

(b) promptly は「迅速に、すぐに」の意味で immediately と同義。形容詞は prompt で「迅速な、機敏な、即座の」。be prompt to do、be prompt in doing は「すばやく~する、すぐに~する」という意味。

(c) sincerely は「誠実に、心から」。I sincerely apologize. は「心よりお詫び致します」の意味。また、手紙の結びとして Sincerely、Sincerely yours、Yours sincerely は「敬具」の意味で用いられる。
produce は他動詞の場合「~を生産する、製造する」の意味。名詞の場合「生産量」。

Q. 172 (b) properties

(b) property は「不動産、地所」の他に、「財産、所有権、特性」の意味で用いられる。property developer は「不動産開発業者」のこと。

(a) process は「過程、手順、経過」。The restoration of the shrine is still in process. は「その神社の修復工事はまだ進行中である」。in process は「進行中で」の意味で in progress と同義。

(c) prospects は「見込み、可能性」。

Q 173 「サンフランシスコまでの往復航空運賃はいくらですか」を英語でいうと、
How much does a (　　　　　) flight to San Francisco cost? である。

(a) one-way
(b) ordinary
(c) round-trip

Q 174 「その団地の利点の一つは駅に近いことである」を英語でいうと、
One of the (　　　　　) of the apartment complex is that it is near the railroad station. である。

(a) achievements
(b) advantages
(c) agreements

解答・解説

Q 173 (c) round-trip

(c) round-trip は「往復の、往復用の」。round-trip ticket は「往復切符」のこと。

(a) one-way は「片道の」。one-way ticket は「片道切符」。

(b) ordinary は「通常の、普通の」という意味の形容詞。ordinary ticket は「普通切符、通常切符」のこと。
動詞の cost は「（金額などが）かかる」という意味。The one-day guided tour costs 70 dollars for adults and 40 dollars for children. は「日帰りガイド付き観光は大人70ドル、子供40ドルである」の意味。How much does this fertilizer cost? は「この肥料はいくらですか」。What is the price of this fertilizer? も同義。

Q 174 (b) advantages

(b) advantage は「利点、長所、強み」の意味。反義語は disadvantage で「短所、弱み」のこと。have an advantage [advantages] over A は「A より有利である」。

(a) achievement は不可算名詞の場合「達成、成就」、可算名詞の場合「業績、偉業」の意味。動詞は achieve で「（目的などを）達成する、成し遂げる」。

(c) agreement は不可算名詞の場合「（意見などの）一致、同意、合意」、可算名詞の場合「協定、協約、契約書」のこと。in agreement with ～は「～と一致して、～に同意して」。sign an agreement は「契約書にサインする・調印する」の意味で、sign a contract と同義。make an agreement with ～は「～と協定を結ぶ」。

Q 175 「誠に申し訳ございませんが、イーストベイ航空午前8時シカゴ発オークランド便は欠航となります」を英語でいうと、

Ladies and gentlemen. We (　　　　) to inform you that the 8 A.M. East Bay Airlines flight from Chicago to Oakland has been canceled. である。

(a) regard
(b) regret
(c) regulate

Q 176 「この栄誉ある文学賞を受賞することができ、とてもうれしい」を英語でいうと、

I am absolutely (　　　　) to receive this prestigious literary award. である。

(a) amazed
(b) delighted
(c) exhausted

解答・解説

Q 175 (b) regret

(b) regret は「後悔する、残念に思う」。regret to do は「残念ながら〜しなければならない」の意味。I regret to inform you that 〜は「残念ながら〜とお知らせしなければなりません」。regret doing は「〜したことを後悔する」の意味。

(a) regard A as B で「A を B とみなす、考える」。consider A as B、look upon A as B なども同義。

(c) regulate は「規制する、統制する、調整する」。名詞は regulation で「規制、統制、調整」の意味。また、複数形の regulations は「規則、規定」の意味である。

Q 176 (b) delighted

(b) delighted は「喜んで」。I'm delighted to see you again. は「またお会いできてうれしいです」という意味。I'm glad to see you again. ともいう。名詞は delight で「喜び」。

(a) amazed は「仰天して、驚いて」。名詞は amazement で「驚き」。

(c) exhausted は「疲れきって、消耗されて」。I'm exhausted. は「へとへとです」の意味。I'm tired out. ともいう。

absolutely は「完全に、まったく」。

prestigious は「栄誉ある、名声のある、有名な」。

literary award は「文学賞」。literary は「文学」、award は「賞」のこと。

Q.177 「この列車は新大阪行きの新幹線ひかりです。」を英語でいうと、

This is the Hikari Super Express (　　　　) for Shin-Osaka. である。

(a) bound
(b) ready
(c) renowned

Q.178 「このあて先に小包を送るのを忘れないでください」を英語でいうと、

Make sure that you send this (　　　　) to this address. である。

(a) luggage
(b) package
(c) postage

解答・解説

Q 177 (a) bound
 (a) be bound for ～は「（飛行機・列車などが）～行きの」。
 (b) be ready for ～は「～の準備ができている」の意味。be ready to do は「～する準備ができている、喜んで～する」。
 (c) be renowned for ～は「～で有名である」。be famous for ～、be celebrated for ～と同義。また、be renowned [famous; celebrated] as ～は「～として有名である」という意味。the place renowned [famous; celebrated] for its beautiful scenery は「美しい景色で有名な場所」、the person renowned [famous; celebrated] as a novelist は「小説家として有名な人物」。

Q 178 (b) package
 (b) package は「小包」のこと。parcel ともいう。package には「包装紙、包装」の意味もある。deliver packages、deliver parcels は「小包を配達する」。Who is this package [parcel] addressed to? は「この小包は誰宛ですか」という意味。
 (a) luggage は不可算名詞で「手荷物」の意味。baggage ともいう。carry-on luggage は「機内持ち込み手荷物」。baggage claim は「（空港の）手荷物受取所」のこと。
 (c) postage は「郵便料金」。postage-free は「送料無料の（で）」。domestic postage は「国内郵便料金」、overseas postage は「海外郵便料金」の意味で foreign postage ともいう。

Q. 179 「この家具を送るのにいくらかかるか教えていただけますか」を英語でいうと、

Could you tell me how much it would cost to (　　　　) this furniture? である。

(a) share
(b) shift
(c) ship

Q. 180 「この飛行機はまもなく定刻より10分遅れでヒースロー空港に到着いたします」を英語でいうと、

This plane will be landing at Heathrow Airport (　　　　), ten minutes behind schedule. である。

(a) definitely
(b) probably
(c) shortly

解答・解説

Q. 179 (c) ship

(c) ship は「(貨物などを) 輸送する、配送する、送る」。Please ship the goods directly to our headquarter. は「商品を直接本社に送ってください」という意味。名詞の shipment は可算名詞の場合「発送品」、不可算名詞の場合「発送」の意味。

(a) share は動詞の場合「(均等に) ~を分ける」、名詞の場合「分け前、割当て」の他に、「市場占有率、株式」の意味がある。shareholder は「株主」のこと。

(b) shift A from B to C は「A を B から C に移す、変える」。名詞の shift は「変化、変更、(交代制の) 勤務時間」のこと。night shift は「夜間勤務」。

Q. 180 (c) shortly

(c) shortly は「まもなく、すぐに」の意味で、soon と同義。また、「少し」の意味でも用いられ、shortly before ~は「~の直前に」、shortly after ~は「~の直後に」。

(a) definitely は「きっと、明確に、はっきりと」。I will definitely go to the airport to see you off. は「必ずあなたを見送りに空港に行きます」の意味。

(b) probably は「おそらく、たぶん」の意味の副詞で、likely と同義。形容詞は probable、likely で「ありそうな、起こりそうな」。It is probable [likely] that ~は「たぶん~であろう」の意味。また、be likely to do で「~しそうである、たぶん~するであろう」。Who is likely to be promoted to manager of our department? は「誰が部長に昇進するだろうか」。

Q. 181 「本格的な日本料理を手頃な価格で食べられる店をお探しなら、白雪にお越し下さい」を英語でいうと、
If you are looking for (　　　　　) Japanese cuisine at affordable prices, please come down to Shirayuki. である。

(a) authentic
(b) leading
(c) neat

Q. 182 「駐車場は道路の反対側にあります」を英語でいうと、
We have a parking lot on the (　　　　　) side of the road. である。

(a) accurate
(b) moderate
(c) opposite

解答・解説

Q. 181 (a) authentic

(a) authentic は形容詞で「本物の、本格的な」。

(b) leading は「一流の、主要な、主役の」という意味の形容詞。play the leading part は「主役を演じる」、leading figure は「重要人物」、leading three-star restaurant は「一流の三ツ星レストラン」のこと。

(c) neat は形容詞で「こぎれいな、きちんとした」。Keep your room neat. は「部屋をきちんと片付けておきなさい」という意味。

affordable は形容詞で「手頃な、入手しやすい」。

Q. 182 (c) opposite

(c) opposite は形容詞の場合「反対側の、向かい側の」の意味。My sister-in-law lives in the house on the opposite side of the street. は「通りの向かい側に義理の妹が住んでいる」。前置詞の場合「〜の向こう側に、〜と向かい合って」という意味。The insurance agency is opposite the station. は「保険代理店は駅の向かい側にある」。

(a) accurate は「正確な、精密な」。to be accurate は「正確に言えば」という意味。名詞は accuracy で「正確さ、精密」。with accuracy は「正確に」の意味で、accurately と同義。

(b) moderate は「節度のある、(気候が) 穏やかな、並みの」という意味の形容詞。moderate summer は「穏やかな夏」、moderate income は「まずまずの収入」。

Q.183 「ホテルの設備には、室内プール、集中冷暖房、ロビーでのインターネット接続が含まれます」を英語でいうと、

The hotel (　　　　　　) include an indoor swimming pool, central air-conditioning, and Internet access in the lobby. である。

(a) amenities
(b) authorities
(c) utilities

Q.184 「忘れずにプレゼンテーション用の資料を持参してください」を英語でいうと、

Don't forget to bring the presentation (　　　　) with you. である。

(a) facilities
(b) handouts
(c) summary

解答・解説

Q. 183 (a) amenities

(a) amenities は「(場所などの) 快適さ、アメニティー、施設、設備」。This hotel offers various amenities. は「このホテルは様々な設備を提供している」。「施設、設備」の意味では、facilities も用いられる。

(b) authorities は「権力、権限」の意味。他に、the authorities で「当局」の意味になる。the authorities concerned は「関係当局」のこと。

(c) utility は「有用、実用性」。複数形の utilities は「公共施設、(水道、ガスなどの) 公益事業、公共料金、役に立つもの」の意味。

Q. 184 (b) handouts

(b) handouts は「配布資料、ハンドアウト」。

(a) facilities は「施設、設備」。You can use the computer facilities in the library. は「図書館内のコンピュータ設備を使用できる」という意味。

(c) summary は「要約、概略」の意味。in summary は「要約すると」、give a summary of ～は「～を要約する」の意味で、動詞の summarize と同義。

Don't forget to do は「忘れずに～しなさい」の意味で Remember to do と同義。forget doing は「～したことを忘れる」。

Q 185 「アナリストによると、多くの国内の家電小売店は事業拡大競争をしている」を英語でいうと、
Analysts say that a number of domestic home appliance (　　　　) are competing to expand their business. である。

(a) ladders
(b) neighbors
(c) retailers

Q 186 「前職は、オックスフォード証券会社の財務アナリストです」を英語でいうと、
My (　　　　) position was as a financial analyst with Oxford Securities Corporation. である。

(a) precious
(b) predictable
(c) previous

Q.185 (c) retailers

(c) retailer は「小売店、小売業者」のこと。retail は「小売；小売の；小売する」。retail shop は「小売店」、retail price は「小売価格」。

(a) ladder は「はしご」。The man is leaning a ladder against the wall. は「男性が壁にはしごを立てかけている」の意味。

(b) neighbor は「隣人」。
home appliance は「家庭用電化製品」。domestic appliance は「(大型の)家庭用電気化製品」のこと。compete は動詞で「競争する、競う」。compete with 〜は「〜と競い合う」という意味。expand business は「事業を拡大する」。
a number of 〜は「いくらかの、多数の」という意味。

Q.186 (c) previous

(c) previous は「以前の、前の」。previous engagement は「先約」のこと。副詞は previously で「以前は、前は」という意味。

(a) precious は「貴重な、高価な、大切な」という意味の形容詞で、valuable と同義。

(b) predictable は predict「予測する」+-able「できる」で、「予測できる」という意味の形容詞。It is easy to predict the result. は「結果を予測するのは簡単である」。
securities corporation は「証券会社」のことで、securities company ともいう。

Q. 187 「100周年記念式典は、シドニーの中心部にあるイエローセンターで開催されます」を英語でいうと、
The (　　　　　) ceremony will be held at the Yellow Center in downtown Sydney. である。

(a) centennial
(b) commemorative
(c) congratulatory

Q. 188 「銀行取引明細書について質問がある場合は、5営業日以内に電子メールで連絡して下さい」を英語でいうと、
If you have any questions about your bank (　　　　　), please contact us by e-mail within five business days. である。

(a) procurement
(b) reimbursement
(c) statement

解答・解説

Q 187 (a) centennial

(a) centennial は「100周年、100年ごとの」という意味。century は「100年」。

(b) commemorative は「記念の」、または「記念品」。commemorative ceremony は「記念式典」のこと。

(c) congratulatory ceremony は「祝賀式」の意味。他に、commencement ceremony は「卒業式」で、graduation ceremony も同義。opening ceremony は「開会式」、closing ceremony は「閉会式」。presentation ceremony は「贈呈式」のこと。wedding ceremony は「結婚式」。welcome ceremony は「歓迎式典」の意味。

Q 188 (c) statement

(c) statement は「明細書、説明書、発言、意見、声明」という意味。bank statement は「銀行取引明細書」のこと。financial statement は「財務諸表」。動詞の state は「はっきり述べる、詳細に述べる」。

(a) procurement は「(必需品・商品などの) 調達、仕入れ」。procurement of rare metals は「レアメタルの調達」。動詞は procure で「～を調達する、仕入れる」。

(b) reimbursement は「(経費などの) 返済、払い戻し」。動詞は reimburse で「返済する」の意味。I'll reimburse you for your travel expenses. は「旅費を返済しましょう」。I'll reimburse your travel expenses. ともいう。

Q 189 「労働者がストを決行したために、工場は生産を中止した」を英語でいうと、

The factory (　　　　　) production because the worker went on strike. である。

(a) halted
(b) hinted
(c) hosted

Q 190 「異文化セミナーの参加者は全員宴会場に集まっています」を英語でいうと、

All the participants in the cross-cultural seminar are gathering in the (　　　　　) hall. である。

(a) assembly
(b) banquet
(c) lecture

解答・解説

Q. 189 (a) halted

(a) halt は「~を中止する、停止する」の意味。名詞で「停止、休止」の意味もある。

(b) hint は「~をほのめかす、暗示する」の意味で、indicate と同義。名詞の場合「ヒント、ほのめかし」の意味。

(c) host は「(パーティーなどを) 主催する、(番組を) 司会する」という意味の動詞の他に、「主催者、開催国、司会」の意味で名詞として用いられる。

strike は「ストライキ、スト」。on strike は「スト中である」、go on (a) strike は「ストを決行する」。

Q. 190 (b) banquet

(b) banquet hall は「宴会場」のこと。banquet は「宴会、祝宴」。

(a) assembly hall は「集会所」のこと。名詞の assembly は「集会」。「組み立て」の意味もある。

(c) lecture hall は「講堂」。名詞の lecture は「講義、講演」の意味で、lecture on ~、lecture about ~ は「~についての講義、講演」。give a lecture は「講義をする、講演をする」という意味。make a lecture とはいわない。

他に、hall を用いた表現では entrance hall「(ホテルの) ロビー、玄関先」、public hall「公会堂」が重要。participant in ~ は「~の参加者」。participate in ~ は「~に参加する」という意味で、take part in と同義。cross-cultural は形容詞で「異文化の」。

Q 191 「プロジェクトの仕様書をできるだけ早くお渡しします」を英語でいうと、
I'm going to give you the (　　　　) for the project as soon as I can. である。

(a) demonstrations
(b) orientations
(c) specifications

Q 192 「予算の制約があるので、効果的な広報活動を提案しなければならない」を英語でいうと、
Because of some budget (　　　　), we have to put forth an effective publicity campaign. である。

(a) conservations
(b) constitutions
(c) constraints

Q 191 (c) **specifications**

(c) specifications は「(機械などの) 仕様書、明細事項」。他動詞の specify は「～を仕様書に記載する、～を明細に述べる、～を規定する、明記する」の意味。

(a) demonstration は「実演販売、デモ、証明、実証」。動詞は demonstrate で「～ということを証明する、～を実演販売する」という意味。

(b) orientation は「(新しい環境などへの) 適応、方向づけ、オリエンテーション、態度」。an orientation for freshmen は「新入生オリエンテーション」のこと。freshman は「(大学などの) 1 年生」、sophomore は「2 年生」、junior は「3 年生」、senior は「4 年生」。

Q 192 (c) **constraints**

(c) constraint は「制約、制限」。

(a) conservation は「(資源などの) 保護、保存」のこと。conservation of forests は「自然保護」。nature conservation ともいう。動詞は conserve で「保護する、保存する」という意味。

(b) constitution は「憲法、構造、構成」の意味。the Constitution は「合衆国憲法」。
put forth ～は「(意見・考えなどを) 出す、提案する」。come up with ～も同義で用いられる。
publicity campaign は「広報活動、宣伝活動」。

Q 193 「表彰委員会は、第10回年間販売賞の推薦を受け付けています」を英語でいうと、
The Award Committee is seeking (　　　　) for the tenth annual Sales Awards. である。

(a) contributions
(b) descriptions
(c) nominations

Q 194 「このフルーツケーキの作り方で、砂糖の代わりに蜂蜜を使ってもよい」を英語でいうと、
You can (　　　　) honey for sugar in this recipe for fruitcake. である。

(a) subsidize
(b) substitute
(c) subtle

解答・解説

Q. 193 (c) **nominations**

(c) ここでの nomination for ～は「～の候補、推薦」。他に「～の指名権、任命権」の意味もある。動詞は nominate で「推薦する、指名する」。nominate A as [for] B は「A を B に指名する、推薦する」。

(a) contribution は「貢献、寄付、寄稿、投稿作品」。contribution to ～で「～への貢献、寄付、寄稿、投稿作品」のこと。「寄付」の意味では donation to ～と同義。動詞は contribute to ～で「～に貢献する、寄付する、寄稿する」。

(b) description は「描写、説明」。beyond description は「ことばでは表現できない」の意味。動詞は describe で「～を描写する、説明する、～の特徴を述べる」。committee は「委員会」。advisory committee は「諮問委員会」、executive committee は「執行委員会」。

Q. 194 (b) **substitute**

(b) substitute A for B で「B の代わりに A を用いる」という意味。名詞は substitution で「代用」。

(a) subsidize は「～に助成金を与える、補助金を与える」。名詞の subsidy は「助成金、補助金」のこと。subsidized project は「助成プロジェクト」。

(c) subtract A from B は「A を B から引く」という意味。名詞は subtraction で「引くこと、引き算」。
recipe for ～は「～の作り方」。

Q.195 「手荷物をいくつ預けますか」を英語でいうと、
How many pieces of luggage are you going to ( )? である。

(a) check
(b) label
(c) pack

Q.196 「定期的に整備すれば、この機械は故障しない」を英語でいうと、
If regularly ( ), this machine will not break down. である。

(a) concluded
(b) emphasized
(c) maintained

解答・解説

Q 195 (a) **check**

(a) check は「（手荷物などを）預ける、預かる」という意味の他動詞。I'll check your baggage through to Honolulu International Airport. は「ホノルル国際空港まで荷物をお預かります」。

(b) label は「〜にラベルを貼る」という意味の他動詞。Please label the box. は「その箱にラベルを貼ってください」の意味。

(c) pack は「〜に物を詰める」という意味の他動詞。Pack your suitcase. は「スーツケースに荷物を詰めなさい」。

Q 196 (c) **maintained**

(c) maintain は他動詞で「（機械・車などを）整備する、管理する」という意味。他に、「〜を維持する、〜と主張する」の意味がある。名詞は maintenance で「整備、管理、維持」の意味。

(a) conclude は「〜を終える」という意味。他に、conclude that 〜で「〜と結論付ける」の意味になる。名詞は conclusion で「結論」。come to the conclusion that 〜は「〜という結論に達する」という意味。arrive at the conclusion that 〜、reach the conclusion that 〜ともいう。

(b) emphasize は「〜を強調する」。名詞は emphasis で「強調」の意味。put (an) emphasis on 〜で「〜を強調する」。place (an) emphasis on 〜ともいう。

Q 197「最近、我が社は海外に工場を建設した」を英語でいうと、

Our company (　　　　　) built some plants overseas. である。

(a) constantly
(b) lately
(c) recently

Q 198「所属、住所、電話番号が変更する場合は、お知らせ下さい」を英語でいうと、

Please (　　　　　) us of any changes in your affiliation, address, or telephone number. である。

(a) clarify
(b) modify
(c) notify

解答・解説

Q 197 (c) recently

(c) recently は「最近」という意味で、過去形、現在完了形、過去完了形と共に用いられる。

(a) constantly は「絶えず、いつも」。always と同様に、進行形と共に用いられる場合、動作の繰り返しを表す。He is constantly [always] complaining about his boss. は「彼はいつも上司に対する不満ばかり言っている」。

(b) lately は「最近」の意味で、通例、現在完了形と共に用いられる。nowadays、these days も同義であるが、これらは現在形と共に用いられる点に注意。

ここでの overseas は副詞で「海外に」という意味。形容詞の場合は「海外の」。

Q 198 (c) notify

(c) notify A of B は「（正式に）A に B を通知する、知らせる」。名詞は notification で「（正式な）通知、告知」のこと。

(a) clarify は「～を明らかにする」という意味の他動詞。

(b) modify は「～を修正する、変更する」という意味の他動詞。Our construction plan was substantially modified. は「建築計画はおおむね修正された」。名詞は modification で「修正、変更」のこと。

affiliation は「所属、加盟、提携」の意味。form an affiliation with ～は「～と提携する」という意味。

Q. 199 「プロジェクト担当者は、賄賂を受け取ったという理由で解雇された」を英語でいうと、
The person in charge of the project was (　　　　) from his job for taking bribes. である。

(a) dismissed
(b) distributed
(c) disturbed

Q. 200 「顧客と商取引を行うために、誰かをオークランドに派遣しなければならない」を英語でいうと、
We'll have to send someone to Oakland in order to conduct the business (　　　　) with our customers there. である。

(a) transaction
(b) transition
(c) transparency

解答・解説

Q 199 (a) dismissed

(a) dismiss は「～を解雇する、免職する」という意味の他動詞。dismiss A from B で「A を B から解雇する」。名詞は dismissal で「解雇、免職」。unfair dismissal は「不当解雇」のこと。

(b) distribute は「～を分配する」という意味の他動詞。distribute A to B で「A を B に分配する」。名詞は distribution で「分配、配分」の意味。

(c) disturb は「～をかき乱す、～の邪魔をする」という意味の他動詞。I hope I'm not disturbing you. は「お邪魔でなければよいのですが」。

take bribes は「賄賂を受け取る、収賄する」の意味。accept bribes、receive bribes ともいう。bribe は「賄賂」。

Q 200 (a) transaction

(a) transaction は「取引」のこと。conduct a business transaction は「商取引を行う」。

(b) transition は「推移、変遷、過渡期」の意味。ちなみに、名詞の transit は「別便への乗り換え」の意味で用いられる。transit passenger は「乗り継ぎ客」、transit time は「乗り継ぎの待ち時間」のこと。

(c) transparency は「透明性」。形容詞は transparent で「透明な」。

INDEX

A

a new line of ～	～の新製品	115
a number of ～	いくらかの、多数の	189
a variety of ～	様々な	143
abandon	（職業、希望、計画などを）あきらめる、断念する	111
abate	（痛みなどを）和らげる、減じる、（痛みなどが）和らぐ	111
ability	能力	53
abolish	～を処分する、捨てる、廃止する	25
about ～	～に関して	45
abroad	海外へ（で）、外国に（で）	97
absolutely	絶対に、完全に、まったく	179
absorb	吸収する、（情報などを）取り入れる	111
academic background	学歴	137
academic record	学業成績	73
accept an order	受注する、注文を受ける	19
accept bribes	賄賂を受け取る、収賄する	203
accommodate	収容できる、（必要なものを）提供する	137
accommodation	宿泊施設	137
accommodation fee	宿泊費	137
accomplish a procedure	手続きを完了する	45
according to ～	～によれば、～の話では、～に従って	13
according to ～	～によって	159
account	預金口座	7
accountant	会計士	7
accounting	会計、会計学、経理	7
accounting firm	会計事務所	7
accumulate	蓄積する	137
accumulation	蓄積	137
accuracy	正確さ、精密	185
accurate	正確な、精密な	185
accurately	正確に	185
achieve	（目的などを）達成する、成し遂げる	77、177
achievement	達成、成就、業績、偉業	177
ad	広告	29
add	追加する	117
add A to B	AをBに追加する	117
addiction	中毒、熱中すること、熱中	117、165
addiction to drug	麻薬中毒	117
addition	追加、付加、足し算	117
additional	追加の	11、117

INDEX

English	Japanese	Page
additive	添加物	117
address	講演する、宛名を書く	111
address an envelope	封筒に宛名を書く	67
address the audience	聴衆に演説する	111
adequate	十分な	165
adequate for [to] ~	~に適した	165
adjoin ~	~の隣にある	165
adjust	調整する	77
adjustment	調整、適応	77
administration	管理、運営、経営	139
administrative	経営上の、管理上の	139
admiration	感嘆・賞賛	139
admire	感嘆・賞賛する	139
admission	入学、入社、入場、入場料、許可	139
admissions office	入学事務局、入学者選抜事務局	139
admit that ~	~であることを認める	111
adult	大人	177
advantage	利点、長所、強み	177
advertisement	広告	29、103
advertisement in the paper	新聞広告	103
advertising agency	広告代理店	29
advise	通知する	111
advisory committee	諮問委員会	197
affair	事件、出来事、問題、業務、関心事	103
affiliated	関連のある、提携した、付属の	173
affiliated company	系列会社、関連会社	173
affiliation	所属、加盟、提携	201
afford to do	(経済的に)~する余裕がある	89
affordable	手頃な、入手しやすい	185
after a while	しばらくして	99
against	~に反対して	163
agenda	(会議の)議題、協議事項	9
aging	高齢化	83
agree to ~	(意見・考えなどに)賛成する	163
agree with ~	(人に)賛成する	163
agreement	(意見などの)一致、同意、合意、協定、協約、契約書	177
aid	援助、援助者;援助する	119
airfare	航空運賃	159
alcoholic drinks	アルコール飲料	143
alert	警報	153
alien	外国人、在留外国人;外国の、外国人の	119
alien registration	外国人登録	119

all the time	その間ずっと、四六時中	59
all the while	その間ずっと	99
allergic	アレルギーの	173
all-natural	すべてが天然の	73
allocate	(資金・役割などを)割当てる、配分する	137
allocation	割当て、配分、割当て額	137
allowance	手当て、引当金	89
alternate	交互に現れる、交替の、交互にする；交替で〜する	119
alternation	交替、一つおき	119
alternative	選択肢、二者択一、代替品；代わりの、選択的な	5
although 〜	〜であるが	5
alumni	卒業生	141
amazed	仰天して、驚いて	179
amazement	驚き	179
ambassador	大使	111
amenities	(場所などの)快適さ、アメニティー、施設、設備	187
amusement park	遊園地	153
analysis	分析	117
analyze	分析する	117
anniversary	記念日	63
announce	発表する、告知する	135
announce (to A) that 〜	(Aに)〜を発表する、告知する	135
announcement	発表、告知	135
annual	毎年の、年に1回の、年次の	175
annual budget	年間予算、年度予算	77
annual meeting	年次会議	175
annual paid leave	年次有給休暇	175
annual report	年次報告書	15
annual income	年収	53
annually	毎年、年に1回	175
anonymous	匿名の	65
anonymously	匿名で	65
antibiotic	抗生物質の	69
anticipate	〜を期待する、予想する	105
anticipation	期待、予期、予想	105
antiques	骨董品	41
anxiety	心配、不安	51
anyway	ともかく、いずれにせよ	165
apartment complex	団地、マンション群	81
apologize for 〜	〜をわびる、謝罪する	35
apologize to A for B	AにBのことをわびる、謝罪する	35
apology	謝罪、お詫び	35

INDEX

apparel	衣服、衣料品	127
appear	姿を見せる	29
appetite	食欲	127
appetizer	前菜、食前酒	127
applicant	応募者	59
application	応募、申込用紙	59
application form	申込用紙	59、157
apply A to B	AをBに応用する	59
apply for ~	~に応募する、申し込む	59
apply to ~	~に当てはまる、適用される	59
appoint	指名する、任命する、約束する	55
appointment	(医師などの) 予約、(面会の) 約束	55、75
appraisal	勤務評定	133
appreciate ~	~に感謝する	35
appreciation	感謝	35、105
approach	~に近づく	35
appropriate	適した、妥当な	83
appropriate for ~	~に向いている、適している	141
approval	承認	65
approve	承認する	65
approximate	およその	83
approximately	およそ、ほぼ	83
architect	建築家	113
architecture	建築、建築物	113
arrange	配置する、整理する、手配する	55
arrange for ~	~を手配する、準備する	55
arrangement	整頓、配列	75
arrangements	手配、準備	75
arrest	逮捕する	123
arrive	到着する	21
arrive at our destination	目的地に到着する	21
arrive at the conclusion that ~	~という結論に達する	199
art critic	美術批評家、美術評論家	117
article	(新聞・雑誌などの) 記事	103
articles	箇条、項目、品物	103
artificial satellite	人工衛星	13
as far as ~ be concerned	~に関して	45
as follows	次の通りで、以下の通りで	151
as of ~	~の時点で、~現在で	9
as of now	現在のところ	9
as regards	~に関して	45
as scheduled	予定通りに	171

英語	日本語	ページ
B as well as A	AだけでなくBも、Aと同時にBも	59
ask A to B	A（人）をB（食事など）に招待する	169
assembly	集会、組み立て	193
assembly hall	集会所	193
assess	評価する、見積もる	15
assessment	査定、評価	15
assign A to B	AをBに派遣する、配属する、AをBに割り当てる	89
assignment	宿題、課題、研究課題、（仕事や任務などの）割当て	93
assist	助ける、手伝う	57
assistance	援助、手伝うこと	57
assistant to ~	~の助手、アシスタント	57
association	共同、提携、関係、協会、組合	105
assume	~と見なす、仮定する、（責任を）負う	55、137
assume responsibility	責任を負う	55、137
at all costs	いかなる犠牲を払っても	99
at any cost	いかなる犠牲を払っても	99
at last	ついに、ようやく	123
at least	少なくとも	123
at length	詳細に、（長時間かかって）ついに、ようやく	123
at once	すぐに、ただちに	153
at present	現在のところ	19
at short notice	急な通知で、短期間の通知で、急に	99
at the earliest	早くても	123
at the expense of ~	~の費用で、~を犠牲にして	127
at the latest	遅くとも	123
at the sight of ~	~を見て	21
attached document	添付書類	61
attached file	添付ファイル	61
attachment	添付書類、添付ファイル	61
attain	（目的などを）達成する、成し遂げる	77
attend	~に出席する	15、159
attorney	弁護士	53
audience	聴衆、観客	27
authentic	本物の、本格的な	185
authorities	権力、権限	187
average	平均の、普通の、平均、標準	83
average life expectancy	平均寿命	83
avoid	~を避ける、（契約などを）無効にする	171
avoid doing	~しないようにする、~することを避ける	79、171
award	賞、賞品、賞金；賞を与える	57、73、179

B

bachelor's degree	学士号	65、97
baggage	手荷物	181
baggage claim	(空港の) 手荷物受取所	181
bank [banking] account	銀行口座	19
bank statement	銀行取引明細書	191
bank transfer	銀行振替、銀行振り込み	19、137
bankruptcy	破産、倒産	135
banquet	宴会、祝宴	193
banquet hall	宴会場	193
be about to do	まさに～しようとしている	171
be absorbed in ～	～に夢中になる、没頭する	111
be accustomed to ～	～に慣れている	173
be accustomed to doing	～することに慣れている	173
be addicted to ～	～中毒である、～に熱中している	165
be adjacent to ～	～の隣にある	165
be allergic to ～	～に対してアレルギーのある	173
be anxious about ～	～を心配している	51
be anxious to do	～することを切望している	51
be apt to do	～しがちである、～しそうである	51
be ashamed to do	～することを恥ずかしいと思う、恥ずかしくて～できない	51
be asked to be ～	～するように依頼される	71
be at home with ～	～に精通している	167
be available for ～	～に利用できる、役立てられる	93
be bored with ～	～にうんざりしている	167
be bound for ～	(飛行機・列車などが) ～行きの	181
be bound to do	きっと～する、～するにちがいない	171
be celebrated as ～	～として有名である	181
be celebrated for ～	～で有名である	181
be cluttered with ～	～で散らかっている	85
be concerned about	～を心配する、～に懸念を抱く	33
be concerned with	(書物・記事などが) ～を扱っている	33
be confident of ～	～を確信している	161
be confident that ～	～であることを確信している	161
be crowded with ～	～で混んでいる	85
be dedicated to ～	～に専念して、献身して	157
be eager to do	～することを切望している	51
be eligible for ～	～にふさわしい、～の資格がある	93
be eligible to do	～する資格がある	93、157
A be equipped with ～	A (人は) B を備えている、身に付けている、 A (場所など) に B を備え付けている	85、167

be familiar with ~	~に精通している	167
be famous as ~	~として有名である	181
be famous for ~	~で有名である	181
be fed up with ~	~にうんざりしている	167
be full of ~	~で混んでいる	85
be happy with ~	~に満足して	53
be inclined to do	~しがちである	51
be indifferent to ~	~に無関心である、無頓着である	109
be liable for ~	~に責任を持つ、~の責任を負う	93
be likely to do	~しそうである、たぶん~するであろう	51、183
be made of ~	~でできている	109
A be made up of B	A（全体）がB（部分）から成り立っている	29
be on the point of doing	まさに~しようとしている	171
be on the verge of doing	まさに~しようとしている	171
be prompt in doing	すばやく~する、すぐに~する	175
be prompt to do	すばやく~する、すぐに~する	175
be ready for ~	~の準備ができている	181
be ready to do	~する準備ができている、喜んで~する	181
be renowned as ~	~として有名である	181
be renowned for ~	~で有名である	181
be required to do	~するよう義務づけられている、~する必要がある	157
be satisfied with ~	~に満足して	53
be scheduled to do	~する予定である	171
be sensitive to ~	~に敏感である	107
be short of ~	~が足りない、不足している	53
be subject to ~	~を受けやすい、~を受ける	53
be supposed to be	~であると思われている	21
be supposed to do	~することになっている、~しなければならない	21
be tired from ~	~で疲れる	57
be tired of ~	~に飽きている、~にうんざりしている	57、167
be transferred to ~	~に転勤になる	31
be used to doing	~することに慣れている	173
be willing to do	すすんで~する、喜んで~する	31
be worried about	~を心配している	51
be worried about	~を心配する、~に懸念を抱く	33
because of ~	~が原因で、~のために	9
belongings	所持品、身の回り品	157
benefit from ~	~で利益を得る、~の恩恵を受ける	173
besides	その上、さらに	165
bet	賭ける	97
beverage	飲み物	59
beyond description	ことばでは表現できない	197

INDEX

big family	大家族	155
boarding	搭乗	11
boarding card	搭乗券	11
boarding formalities	搭乗手続き	11
boarding gate	搭乗ゲート、搭乗口	11
boarding pass	搭乗券	11
boarding procedures	搭乗手続き	11
boarding ticket	搭乗券	11
bond	債券、社債	71
book	〜を予約する、帳簿に記載する、（予算などを）計上する	75、97
booklet	小冊子	97
boom	（物価などが）急騰する；好景気、好況、繁栄	173
boost	（値段などを）押し上げる、増加させる（値段などの）上昇	97
boss	上司	49
bother	（人を）悩ます、困惑させる、（人に）面倒をかける	95
branch office	支店	89
branch out	（新事業などに）乗り出す	95
breast cancer	乳ガン	119
bribe	賄賂	203
brochure	パンフレット、冊子	11
budget	予算	77
budget cut	予算削減	77
bureau	（官庁の）局、（複合語で）事務所、案内所	13
bureaucracy	官僚、官僚主義	13
burnable	可燃性のもの；可燃性の	153
bus stop	バス停	167
business administration	経営学	151
by [in] installments	分割払いで	163
by way of 〜	〜経由で、〜として	9

C

call	電話する	45
call off	〜を中止する	63
cancel	〜を中止する	63
cancer	ガン	119
candidate	候補者、志願者	149
candidate for 〜	〜の候補者、〜の志願者	149
cannot help doing	〜せざるをえない	37
capital surplus	資本余剰金	35

carry out	行う、実施する	153
carry out a procedure	手続きを完了する	59
carry out experiments on 〜	〜の実験をする	145
carry out research	研究を行う	47
carry out the order	命令を遂行する	153
carry out the responsibilities	責務を遂行する	153
carry-on luggage	機内持ち込み手荷物	181
cater	(パーティーなどの)料理を提供する、料理をまかなう	143
catering	ケータリング、出前、仕出し	143
cavity	虫歯	23
cease	(活動などを)やめる、中止する、(継続していることが)終わる	155
censor	(出版物などを)検閲する、検閲官	143
centennial	100周年；100年ごとの	191
century	100年	191
certificate	証明書、修了証書；〜に証明書を与える	139
certified public accountant	公認会計士(CPA)	7、85
change	小銭、両替	121
charge	料金、責任、義務、負担、告訴；請求する	121、155
charge A B	AにB(の代金など)を請求する	121
charge A B for C	Cの料金としてBの金額をAに請求する	155
chat	おしゃべりする、談笑する；歓談、おしゃべり	143
check	(手荷物などを)預ける、預かる	199
check	小切手	21、121
check in	(ホテルなどに)チェックインする	155
check out	(ホテルなどを)チェックアウトする、出る、(本を)借り出す	155
check with	〜相談する、問い合わせる	25
checkbook	小切手帳	121
check-in	搭乗手続き	11
checking account	当座預金口座	19
chief executive officer	最高経営責任者(CEO)	85
chief financial officer	最高財務責任者(CFO)	85
citizen	国民、市民	23
citizenship	市民権	23
City Hall	市役所	163
clarify	〜を明らかにする	201
clear customs	税関を通過する	157
clinical thermometer	体温計	149
closing ceremony	閉会式	191
collapse	崩壊する、崩壊	67
come to the conclusion that 〜	〜という結論に達する	199

come up with ~	（意見・考えなどを）出す、提案する	17、195
commemorative	記念の；記念品	191
commemorative ceremony	記念式典	191
commencement ceremonies	卒業式	191
commit oneself to ~	~に専念する、~に取り組む	37
committee	委員会	85、197
commute	通勤する	153
commuter train	通勤電車	153
commuting	通勤	153
commuting train	通勤電車	153
compared with ~	~と比較すると、比べて	17
compensate	賠償をする、埋め合わせをする	37
compensate for	（損失などを）埋め合わせる	29
compensation	賠償、償い、給与	37
compete	競争する、競う	189
compete with ~	~と競い合う	189
competing	競い合う、両立しない	49
competing ideas	相容れない考え	49
competing products	競合他社の製品	49
competitive	競合する、競争心の強い、競争力のある	49
competitor	競合他社、競争相手	49
complain	不平・不満を言う	43
complain at [about; of] ~	~について不満を言う	81
complaint	不満、苦情、クレーム	43
complete	（アンケートなどに）記入する	71
complete	~を完成させる；全部の、全部ある、完成した	81
complete a procedure	手続きを完了する	59
complete with ~	~を完備した	81
complex	複合ビル、総合ビル	81
complicated	複雑な	27
compose	~を構成する、組み立てる、整理する	95
compose a message	メッセージを作成する	95
compromise	妥協する、（問題などを）解決する；妥協、歩み寄り、妥協案	81
comsumption	消費	137
concern	~に関係する、懸念・心配する；懸念、心配	33
concerning ~	~に関して	45
conclude	~を終える	199
conclude that ~	~と結論付ける	199
conclusion	結論	199
conduct a business transaction	商取引を行う	203
conduct research	研究を行う	47

conference	会議、協議	27
conference call	電話会議	95
conference room	会議室	27
confidence	自信、確信	161
confident	確信している、自信がある、自身に満ちた	161
confidential	秘密の、機密の、親展の	39
confirm one's reservation	予約を確認する	75
congratulatory ceremony	祝賀式	191
consecutive	連続した、連続的な、継続的な	165
consensus	世論、（意見などの）一致、同意、コンセンサス	107
consent	承諾、承認、同意	33
consent to	〜に同意する、承諾する	33
conservation	（資源などの）保護、保存	195
conservation of forests	自然保護	195
conserve	保護する、保存する	195
consider	〜をよく考える、熟考する	33
consider A as B	AをBとみなす、考える	33、179
consider doing	〜することを検討する	33
considerable	かなりの、相当な	107
considerably	かなり、ずいぶん	107
considerate	思いやりのある	105
consideration	考慮、よく考えること	33、105
constantly	絶えず、いつも	201
constitution	憲法、構造、構成	195
constraint	制約、制限	195
construction of 〜	〜の建設・建築	81
consume	消費する、使い果たす	137
consumer	消費者	137
consumption tax	消費税	39
contact	連絡、接触	31
contact 〜	〜に連絡する	31
contain	〜を含んでいる	77
contaminate	〜を汚染する	37
contamination	汚染	37
continue	〜を続ける	15
contract employee	契約社員	43
contribute to 〜	〜に貢献する、寄付する、寄稿する	197
contribution	貢献、寄付、寄稿、投稿作品	197
contribution to 〜	〜への貢献、寄付、寄稿、投稿作品	197
convention	代表者会議、大会	27
convey	（人・物を）運搬する、運ぶ、（思想などを）伝達する	155
cooperate	協力する	37

INDEX

cooperate with ~	～と協力する	37
cooperation	協力	37
cope with ~	～を扱う、処理する	25
cosmetics	化粧品	95
cosmetics for ~	～向けの化粧品	115
cost	（金額・費用）がかかる、～を要する	113、177
cost-cutting plan	経費削減計画	125
costly	高価な、（値段が）高い	19
cough	咳；咳をする	27
courteous	礼儀正しい、丁寧な	161
CPA	公認会計士	85
creativity	独創力	53
credible	信頼される、当てになる	157
credit	単位、信用、信頼	117
credit-card fraud	クレジットカード詐欺	147
credit-card holder	クレジットカードの所有者	147
critic	批評家、評論家	117
critical	重大な	161
criticize	批評する、批判する、非難する	119
cross-cultural	異文化の	193
crucial	重大な、厳しい、困難な	161
cuisine	料理	41
cumulative deficit	累積赤字	35
cure	治す、治療する	167
cure A of B	AのBを治療する	167
currency	通貨、貨幣	117
current	最新の、現在の	17
curriculum vitae	履歴書	137
customer	顧客	39
customer information	顧客情報	39
customer survey	顧客調査	39
customs declaration	関税申告	157
customs inspection	税関の検査	163
cut taxes	減税する	163
CV	履歴書	137

D

dairy	乳製品の	159
dairy products	乳製品	159
day off	休暇、休日	111
deadline for ~	～の締切日	93

deal with ~	~を扱う、処理する	25
decide	決心する	97
declaration	申告書、申告、宣言、公表	157
declare	（税関・税務署で）申告する、宣言する	55、157
decline	減少	7
decrease	減少；減少する、~を減らす	7
dedicate	（時間などを）~にささげる、専念する、献身する	157
dedication	専念、献身	157
deduct	~を差し引く、控除する	157
deduction	差引き、控除	157
defective	不完全な、欠点がある	67
defective products	不良品、欠陥商品	67
deficit	赤字、不足	35
definitely	絶対に、きっと、明確に、はっきりと	77、183
degree	学位	97
delay	遅れ、遅延；~を遅らせる	153
delight	喜び	179
delighted	喜んで	179
deliver a presentation	プレゼンテーションをする	15
deliver packages [parcels]	小包を配達する	181
demanding	要求の多い、（仕事などが）厳しい	107
demonstrate	~ということを証明する、~を実演販売する	195
demonstration	実演販売、デモ、証明、実証	195
department	学科	141
department head	課長	31
depend on	~に頼る、~を当てにする、~次第である	47
deposit	手付金、内金、頭金、保証金	69
describe	~を描写する、説明する、~の特徴を述べる	197
description	描写、説明	197
designated	指定の、指定された	131
despite ~	~にもかかわらず	5
destination	目的地、行き先	21
detailed	詳細な、詳しい	11
detective	探偵、刑事	41
develop	発展させる、開発する	7
developed country	先進国	7
developer	宅地開発業者、開発者	7
developing country	発展途上国、新興国	7
development	開発	125
devote oneself to ~	~に専念する、~に取り組む	37
different	多様な、異なった	145
directions	使用説明書、指示、命令、道順	163

directions for ~	~に関する使用説明書	163
directly	直接	183
director	部長、総支配人	15
disability	身体障害	131
disable person	身体障害者	131
disadvantage	短所、弱み	177
discard	~を捨てる	153
discount bill	割引手形	129
discount bond	割引債	129
discount voucher	引換券、割引券	129
disease	病気	107
dismiss	~を解雇する、免職する	203
dismiss A from B	AをBから解雇する	203
dismissal	解雇、免職	203
distribute	~を分配する	203
distribute A to B	AをBに分配する	203
distribution	分配、配分	203
disturb	~をかき乱す、~の邪魔をする	203
diverse	多様な、異なった	145
diversification	多様化、多様性	145
diversify	多角化する、多様化させる	145
diversity	多様性	145
dividend	配当、配当金	55
division	部、部門、事業部	55
divorce	離婚；離婚する	171
do away with ~	~を処分する、捨てる、廃止する	25
do one's best	最善を尽くす	133
doctor bill	医療費、医療費請求書	127
Doctor of Philosophy	博士号（Ph.D)	65
document	書類、文書	45
domestic	国内の、家庭内の	17
domestic appliance	（大型の）家庭用電化製品	189
domestic postage	国内郵便料金	181
domestic sales	国内売上高	17
domestic sales figures	国内売上高	17
domestic violence	家庭内暴力	17
Don't forget to do	忘れずに~しなさい	187
donate A to B	AをBに寄付する	17
donation	寄付、献金	17、55
donation to ~	~への寄付	197
dormitory	（大学などの）寮	17
down payment	頭金	25

dramatically	劇的に	165
drastic	徹底的な、思いきった、極端な	43
drop	（温度の）降下、（物価の）下落、一滴	159
drop in at ～	～に立ち寄る	79
due	支払期日である、支払い期限である	93
due date for ～	～の締切日	93
due date for payment	支払期限	93
due to ～	～が原因で、～のために	9
duty-free articles	免税品	103

E

early retirement	早期退職	93
earn	稼ぐ	41
earn credits	単位を取得する	117
earnings	収益	77
economic	経済の、経済上の	17
economic policy	経済政策	17
economical	経済的な、節約になる	17
economical shopper	買い物上手な客	17
economics	経済学	17
economy	経済、節約	17
editorial	編集の	63
editorial meeting	編集会議	63
educational background	学歴	137
effective	有効な、効果的な、（法律・規則などが）有効である	43、53
effective against ～	（薬などが）～に効果がある	119
electricity	電気、電力	127
electricity bill	電気料金	127
elementary school	小学校	65
eligible for ～	（職・地位などに）ふさわしい	157
embezzlement	横領	123
emergency	緊急事態、緊急	67
emergency exit	非常口	143
emphasis	強調	199
emphasize	～を強調する	199
employee	従業員	67
employee benefit	（従業員の）福利厚生	67
employer	雇い主	67
employment	雇用	67
employment policy	雇用方針	67
endangered	危険にさらされた	115

INDEX

enquiry	問い合わせ、質問、照会	25
enroll	(大学などに)入る、履修登録をする	139
enroll at the university	その大学に入学する	139
enroll in the language course	言語コースに登録する	139
ensure that ～	～であることを確実にする	163
enter into a contract with ～	～と契約を結ぶ	51
entertain	(人を)楽しませる	135
entertainment	娯楽	135
entitle	～に権利・資格を与える	143
entitle A to B	A(人)にBの権利・資格を与える	129
entitle A to do	A(人)に～する権利・資格を与える	129
entitled ～	～という題の	129
entrance	入り口、入学	143
entrance hall	(ホテルの)ロビー、玄関先	193
entrée	メイン料理、アントレ	143
envelope	封筒	67
environmental assessment	環境アセスメント	15
equipment	備品、設備、道具、器具	167
estimate	見積り;見積る	49
estimated price	見積り価格	49
evaluate	評価する	117
evaluation	評価	117
evidence	証拠	77
excellent	すばらしい	27、73
except ～	～を除いて	39
excess	超過、過剰	139
excessive	過度の	139
excessively	過度に	139
exchange A for B	AをBと取り替える	67
exchange currency	通貨を両替する	117
exclude	～を排除する、追放する	19、39
exclude A from B	AをBから排除する、追放する	19
excluding ～	～を除いて	39
exclusion	除外、排除	161
exclusion clause	(保険契約などの)免責事項	161
exclusion from ～	～からの除外・排除	161
exclusive	排他的な、唯一の、独占的な、高級な	19
exclusive agreement	独占契約	19
exclusive hotel	高級ホテル	19
executive committee	執行委員会	197
exhausted	疲れきって、消耗されて	179
exhibit	展示する	145

exhibition	展示会、展覧会	145
exist	存在する	39
existing	現行の、現存の	39
exit	出口	143
expectation	予期、期待	161
expand business	事業を拡大する	189
expenditure	経費	77
expense	費用、犠牲	77、127
expenses	経費	127
expensive	高価な、(値段が) 高い	19
experiment	実験；実験をする	145
expert	専門家	73
expert in ~	~の専門家	73
expertise	専門知識、専門技術	73、145
expiration date	賞味期限、有効期限	93
expire	(期限が) 切れる、(契約、休暇などが) 終了する、満期になる	93
expiry date	賞味期限、有効期限	93
explain A	A を説明する	123
explain A to B	A を B に説明する	123
explanation	説明	123
export	輸出；輸出する	15、159
exports	輸出品	159
express delivery	速達郵便	91
express delivery fee	速達料金	91
extend	伸ばす、延長する	161
extension	(電話の) 内線、拡張、拡張、増築、延期	161
extension number	内線番号	161
extensive	広範囲に及ぶ、広大な、大規模な	19、139
extra charge	追加料金	159

F

facilities	施設、設備	187
factory worker	工場労働者	41
faculty	教授陣、学部	141
faculty meeting	教授会	141
fare	運賃	159
farewell party	送別会	111
feasibility	実現可能性	157
feasible	実現可能な	157
feasible project	実行可能なプロジェクト	157

INDEX

feature	～を特集する、売り物にする、特色にする；特徴、特性、顔立ち、外観	107
feel free to do	気軽に～する、自由に～する	31
female	女性の	29
fertilizer	肥料	177
fever	発熱、熱病	81
figure	数字、数、図、図表、人物、人の姿	131
file for bankruptcy	破産の申請をする	135
fill a cavity	虫歯に詰め物をする	23
fill in	（必要事項などを）記入する	71、157
financial	経済的な、財政上の	9
financial statement	財務諸表	191
financial year	会計年度	77
fine	罰金	131
fire	～を解雇する、くびにする	173
firm of accountants	会計事務所	7
fiscal quarter	会計四半期	17
fiscal year	会計年度	77
fitting room	試着室	27
fix	修理、調整；修理する、決める、固定する、（問題などを）解決する	131
fixed interest	固定金利	71
flexible	融通の利く	51
floating interest	変動金利	71
flu	インフルエンザ、流感	81
food additive	食品添加物	117
for a while	しばらくの間	99
for free	無料で、ただで	63
for nothing	無料で、ただで	63
foreign	海外の、国外の	17
foreign-affiliated corporation	外資系企業	173
foreign postage	海外郵便料金	181
forget doing	～したことを忘れる	187
forget to do	～するのを忘れる	97
form an affiliation withc	～と提携する	201
forward	（メール・郵便物などを）転送する	31
foundation	財団、施設、創立、土台、基礎	115
four-wheel-drive vehicle	4輪駆動車	151
fraud	詐欺	147
free of charge	無料で、ただで	63
freelance	フリーランサー、自由契約で働く人	63
freshman	（大学などの）1年生	195

from time to time	時々	59
fuel	燃料	17
fuel surcharge	燃油サーチャージ	159
full-time worker	正社員	43
further	さらなる、それ以上の	11
furthermore	その上、さらに	165

G

garbage	（台所などの）生ごみ	153
garbage box	ごみ箱	153
garbage can	ごみ箱	153
general	全体の、全般の	149
general election	総選挙	149
general manager	部長、総支配人	15
geography	地理、地理学	141
geology	地質学	141
geometry	幾何学	139
get a position	就職する	59
get an order	受注する、注文を受ける	19
get married	結婚する	169
get promotion	昇格する	133
get to ～	～に到着する	21
get-together	（非公式の）集まり、懇親会	151
give a lecture	講義をする、講演をする	193
give a presentation	プレゼンテーションをする	15
give a presentation to A on B	AにBについてプレゼンテーションする	15
give a summary of ～	～を要約する	187
give oneself to ～	～に専念する、～に取り組む	37
give up	（職業、希望、計画などを）あきらめる、断念する	111
give up doing	～するのをあきらめる	9
go bankrupt	倒産する	135
go into bankruptcy	倒産する	135
go on (a) strike	ストを決行する	193
go on to university	大学に進学する	9
go over	（書類・本などに）ざっと目を通す	9
go through customs	税関を通過する	157
goal	目的、目標	41、77
goods	商品	183
government bond	国債	71
grade school	小学校	65
graduate school	大学院	141
graduate students	大学院生	141

graduated students	卒業生	141
graduation ceremony	卒業式	191
grant	補助金、奨学金	73
green card	グリーンカード、米国永住許可証書	23
greet	～に挨拶をする	103、153
greeting	挨拶	103、153
greeting card	挨拶状	103
grocery store	食料品店	39
growing	増加する、大きくなる、ますます多くの	47
growth	増加	7
guarantee	保証書、保証	67
guest	（ホテルの）宿泊客、招待客、来客	167
guest speakers	招待講演者、講師、ゲストスピーカー	145

H

halt	を中止する、停止する、停止、休止	193
hand in	～を提出する	31
handicapped	障害のある	131
handle	（問題などを）扱う、解決する、処理する	25、27
handouts	配布資料、ハンドアウト	187
happen to do	偶然～する、たまたま～する	89
haute cuisine	高級料理	41
have a break	休憩する	57
have a cavity	虫歯がある	23
have a contract with ～	～と契約を結ぶ	51
have an advantage [advantages] over A	A より有利である	177
hay fever	花粉症	81
headquarter	本社、本部	89
heal	（人、傷などを）治す、（傷などが）治る	167
health insurance	健康保険	103
heart attack	心臓麻痺、心臓発作	107
heart disease	心臓病	107
heart failure	心不全	107
heavy traffic	交通渋滞	5
help oneself to ～	（飲食物を）自分で取って食べる、飲む	37
heritage	文化遺産、伝統遺産；文化遺産の	115
hesitate	ためらう、躊躇する	31
hint	～をほのめかす、暗示する；ヒント、ほのめかし	193
historic	歴史上重要な	115
historic building	歴史的建造物	115

historical	歴史の、歴史に関する	115
hold	(物などを)持っている、握っている、(会などを)開く、開催する	167
hold a contract with ~	~と契約を結ぶ	51
holder	所有者	189
hold	(会などを)開催する、行う	111
home appliance	家庭用電化製品	189
honor	栄誉を授ける、たたえる、敬意を表する；名誉、光栄、尊敬	115、147
honorable	名誉となる、尊敬すべき、立派な	115
honorary	名誉上の、名誉職の	147
host	(パーティーなどを)主催する、(番組を)司会する；主催者、開催国、司会	193
hotel guest	宿泊客	63
household	世帯、家族	147
How about ~?	~はいかがですか	127
however	しかしながら	5
hurry	急ぐ	167

I

I regret to inform you that ~	残念ながら~とお知らせしなければなりません	179
I'll bet ~	きっと~である	97
immediately	迅速に、すぐに、ただちに	153、175
immigrants	移民	23
immigration	移住	23
immigration office	移民局	23
implement a contract	契約を履行する	51
import	輸入；輸入する	15、159
imports	輸入品	159
impose A on B	BにA(義務、仕事、税金など)を課す	159
impress	(人に)印象を与える、感銘を与える	133
impression	印象	133
impressive	印象的な	133
in a mess	乱雑になって、散乱して	61
in a while	まもなく、すぐに	99
in accordance with ~	~によって、したがって	69、159
in addition	その上、さらに	165
in addition to ~	~に加えて	69
in advance	前もって、前金で	137
in agreement with ~	~と一致して、~に同意して	177
in anticipation of ~	~を賞して、~を期待して、予期して	105

INDEX

in appreciation of ~	~に感謝して	105
in association with ~	~と共同して、提携して	105
in case of ~	~の場合には	125
in case of emergency	緊急の場合に	67
in charge of ~	~を担当して、~を管理して、~を任されて	169
in consideration of ~	~を考慮して、思いやって	105
in cooperation with ~	~と協力して	37
in effect	(法律・規則などが)有効な;実際には	43
in favor of ~	~に賛成して	163
in place of ~	~の代わりに、~に代わって、~の代理として	25、169
in process	進行中で	175
in progress	進行中の;進行中で	87、175
in reference to ~	~に関して	45、61
in respect of ~	~については、~に関する限りでは	169
in response to ~	~に応じて、~に応えて	125
in spite of ~	~にもかかわらず	5、45
in stock	在庫があって	75
in summary	要約すると	187
in the event of ~	~の場合には	125
in the event of emergency	緊急の場合には	125
in time for ~	~に間に合って	5
in total	合計で、全体で	129
incentive	奨励、報奨金	73
include	~を含む	39
including ~	~を含んで、~をはじめとして	39
income	収入	159、185
income disparity	所得格差	53
income tax	所得税	53
income tax credit	所得税控除	123
income tax deduction	所得税控除	123
incorporate	法人組織にする、株式会社にする	169
incorporate A into B	AをBに合併する、組み入れる、編入する	169
incorporation	合併、法人組織、法人団体、株式会社	169
increase	増加、上昇、増大;増加する、~を増やす	7
increase taxes	増税する	163
incredible	信じられない	157
incur a fine	罰金を被る	131
indicate	表す、示唆する、ほのめかす、暗示する	145、193
indication	指示、表示、指摘	145
individual	個人	159
industrial	産業の、工業の	109
industrial product(s)	工業製品	109

industrious	勤勉な	109
industry	勤勉、産業、工業	109
inexpensive	安い	19
infection	感染症	69
inferior products	不良品、欠陥商品	67
influenza	インフルエンザ、流感	81
inform A of [about] B	AにBを知らせる	169
inform A that ～	Aに～のことを知らせる	169
information	情報	39
information technology	情報技術（IT）	161
ingredient	（料理の）材料、原料	73
initiative	主導権	79
inquiry	問い合わせ、質問、照会	25
inspect	調査する、点検する	163
inspection	調査、点検、検査、視察	163
install	設置する、取り付ける	113
installation	取り付け、据え付け	163
instead of ～	～の代わりに	125
instructions	使用説明書、指示、命令	163
instructions on ～	～に関する使用説明書	163
instructor	教師、（大学の）専任講師	151
insurance agency	保険代理店	185
insure that ～	～であることを確実にする	163
intensive	集中的な、徹底的な	139
intensive-care unit	集中治療室（ICU）	139
interest	利子、金利	71
interest-free loan	無利子のローン	109
interest rate	金利	71
international students	留学生	139
interpreter	通訳	57
interrupt	中断する、割り込む	95
interruption	中断、支障	95
intersection	交差点	113
invalid	無効な	81
inventory	在庫	73
investment trust	投資信託	45
invitation	招待、案内（状）	145
invite A to B	A（人）をB（食事など）に招待する	145、169
invoice	送り状、明細記入請求書	159
issue	（雑誌などの）号	17
issue	～を発行する	23
It is probable [likely] that ～	たぶん～であろう	183

It turns out that ~	結局~だとわかる、~であると判明する	101
item	項目、品目、(新聞記事などの) 1 項目	9
itinerary	旅程、旅程表	11

J

job experience	職歴	137
job interview	(就職の) 面接	133
join	~に加わる	173
join in ~	(討論などに) 加わる	173
journey	旅行	77
junior	3 年生	195

K

keep A in mind	A を覚えている、心に留めておく	97
keep (it) in mind that ~	~のことを覚えておく	97
keep out	中に入らない	153
keep out of ~	~の中に入らない、~に近づかない	153

L

lab	研究所、研究室	95
label	~にラベルを貼る	199
laboratory	研究所、研究室	125
lack	~が欠けている、不足	53
ladder	はしご	87、89
large family	大家族	153
last-minute	どたん場の、最後の瞬間の	85
lately	最近	201
launch	~を開始する、~に着手する、~に参入する、~売り出す;開始	95
lavatory	洗面所、トイレ	125
law firm	法律事務所	29
lawn	芝生	57
lawyer	弁護士	53
lay off ~	~を一時解雇する	7、43
layoff	一時解雇、レイオフ	43
leading	一流の、主要な、主役の	185
leading figure	重要人物	185
leading three-star restaurant	一流の三ツ星レストラン	185
lean against one's shoulder	~の肩にもたれかかる	87

lease agreement	賃貸借契約書	69
lease deposit	敷金	69
leave a message	伝言を残す	95
lecture	講義、講演	193
lecture hall	講堂	193
lecture on [about] 〜	〜についての講義、講演	193
letter of recommendation	推薦状	23
life expectancy	寿命	83
lifetime employment system	終身雇用制度	67
likely	ありそうな、起こりそうな、おそらく、たぶん	183
liquid crystal display television	液晶テレビ（LCD television）	13
literary	文学	179
literary award	文学賞	179
literature	文学	135
local government	地方自治体	149
look after	〜の面倒をみる、世話をする	49
look over	（書類・本などに）ざっと目を通す	9
look over one's shoulder	〜の肩越しに見る	87
look through	（書類・本などに）ざっと目を通す	9
look upon A as B	AをBとみなす、考える	179
luggage	手荷物	181

M

magazine article	雑誌記事	103
mail-order company	通販会社	47
main office	本社、本部	89
mainly	主に	29
maintain	（機械・車などを）整備する、管理する、〜を維持する、〜と主張する	199
maintenance	整備、管理、維持	199
major	専攻、主要な、重要な、大手の、（2者のうち）大きいほうの	55
major in 〜	〜を専攻する	55
make a compromise	妥協する、歩み寄る	81
make a decision	決心する	97
make a donation of A to B	AをBに寄付する	17
make a down payment on 〜	〜の頭金を支払う	25
make a good impression on 〜	〜に好印象を与える	133
make a payment of 〜	〜を支払う	25
make a positive impression on 〜	〜に好印象を与える	133

INDEX

make a presentation	プレゼンテーションをする	15
make a presentation to A on B	A に B についてプレゼンテーションする	15
make a reservation for ～	～を予約する	75
make a suggestion	アドバイスをする、提案する	97
make an agreement with ～	～と協定を結ぶ	177
make an appointment	(病院などの) 予約をする、会う約束をする	75
make arrangements for	～の準備をする	75
make contact with ～	～に連絡する	31
make good use of ～	～を利用する	49
make it	成功する、(時間に) 間に合う、(目的地に) 到着する、待ち合わせする	89、171
make oneself at home	くつろぐ	37
make sure that ～	～であることを確認する、必ず～のようにする	21、39
make the presentation	プレゼンテーションをする	169
make travel arrangements	出張・旅行の手配をする	123
make up	化粧する	29
make up for	(損失などを) 埋め合わせる	29
make up one's mind	決心する	97
manage	経営する、管理する	33
manage to do	どうにか～する	89
management	経営、マネージメント、管理者、経営者、管理	33
manager	経営者、支配人、部長	33
mandatory	義務的な、強制的な、必須の	159
manufacture	製造	95
market	市場に出す、販売する	115
market analysis	市場分析	117
master of ceremonies	司会者 (MC)	27
master's degree	修士号	65、97
material	物質、原料、素材、資料	73
matters	事柄、件、問題	87
measures	措置、対策、手段	43
medical bill	医療費、医療費請求書	127
medical equipment	医療器具	167
medicine	薬	167
meet	(必要・目的などを) 満たす	61
melt	(固体が) 融ける、融解する	61
memorable date	記念すべき日	93
mend	～を修理する、修繕する	23
merger	合併	33
mergers and acquisitions	吸収合併 (M & A)	33
mess	散らかす、乱雑にする；乱雑、散乱	61

English	Japanese	Page
Meteorological Agency	（日本の）気象庁	13
microwave	電子レンジ	75
microwave oven	電子レンジ	75
mind doing	～することを嫌だと思う	79
mineral	ミネラル	77
minor	ささいな、重要ではない、（2者のうち）小さいほうの	55
minutes	議事録、詳細	9
miss	～に乗り遅れる	167
missing	～がない、紛失中の、行方不明の	21
moderate	節度のある、（気候が）穏やかな、並みの	185
modification	修正、変更	201
modify	～を修正する、変更する	201
money transfer	送金、振替	19
monitor	チェックする、監視する	17
monthly	毎月、月に1回	175
moreover	その上、さらに	165
mortgage	住宅ローン、担保	33
municipal	自治都市の、市の、町の	149
municipal election	市議会議員選挙	149
municipal government	市政	149

N

English	Japanese	Page
nature conservation	自然保護	195
neat	こぎれいな、きちんとした	185
necessities	必需品	133
neighbor	隣人	189
neither A nor B	AもBも～ない	57
newspaper article	新聞記事	103
night shift	夜間勤務	183
no longer	今では～ない	165
Nobel Prize	ノーベル賞	57
Nobel Prize in [for] Physics	ノーベル物理学賞	57
nominate	推薦する、指名する	197
nominate A as [for] B	AをBに指名する、推薦する	197
nomination for ～	～の候補、推薦、指名権、任命権	197
not only A but (also) B	AだけでなくBも	59
notice	通知、通告、注意	147
notice A do [doing]	Aが～する［している］のに気づく	147
notification	（正式な）通知、告知	201
notify A of B	（正式に）AにBを通知する、知らせる	201
novelist	小説家	181

INDEX

nowadays	最近	201
numerous	多数の、たくさんの	155
numerous family	大家族	155
nursery school	保育園、幼稚園	65
nutrients	栄養素	155
nutritious	栄養分のある、健康によい	155
nutritious food	栄養素、栄養物	155

O

objective	目的、目標、客観的な	41
objectivity	客観性	41
occupation	職業	11
occupational	職業上の、職業に関する	11
occupied	ふさがった、人がいる、使用中の	27
of high quality	高級な〜、高品質の〜	109
of the highest quality	最高級の〜、最高品質の〜	109
offer	〜を提供する、申し出る	27、187
office canteen	（会社の）社員食堂	75
office complex	オフィスビル	81
official	公式の	11
on average	平均して、通常は、概して	83
on behalf of 〜	〜に代わって、〜の代理として	169
on closer inspection	よく調べてみると	163
on one's way	途中で	79
on one's way to 〜	〜へ行く途中で	79
on such short notice	急な通知で、短期間の通知で、急に	99
on strike	スト中である	193
on time	時間通りに、定刻通りに	89、135
one's promotion to 〜	〜への昇進	133
one-way	片道の	177
one-way ticket	片道切符	177
ongoing	進行中の	87
online	オンラインで	13
on-the-job training	実地訓練（OJT）	41
opening ceremony	開会式	191
opposite	反対側の、向かい側の； 〜の向こう側に、〜と向かい合って	185
order	注文する	27
order	注文品、順序、正常な状態	35、75
order A	A を注文する	35
order A from B	A を B に注文する	35

order A to do	Aに〜するように命令する	35
ordinary	通常の、普通の	177
ordinary mail	普通郵便	91
ordinary ticket	普通切符、通常切符	177
orientation	（新しい環境などへの）適応、方向づけ、オリエンテーション、態度	195
otherwise	さもないと	167
out of date	時代遅れの	75
out of order	故障して、故障中で	35、75
out of stock	在庫切れで	75
out of town on business	出張中で	169
outsource	外注する、外部に委託する	131
outsourcing	アウトソーシング、外注、外部委託	131
overbook	定員以上に予約をとる	101
overseas	海外の、国外の；海外に、海外で	17、201
overseas postage	海外郵便料金	181
owing to 〜	〜が原因で、〜のために	9

P

pack	〜に物を詰める	199
package	小包、包装紙、包装	91、181
paid leave	有給休暇	175
painkiller	鎮痛剤	73
pamphlet	パンフレット、冊子	11
parcel	小包	91、181
participant in 〜	〜の参加者	145、193
participate in 〜	〜に参加する	145、193
part-time worker	非常勤労働者、パートタイマー	43
patient	患者、我慢強い	61
pave the road	道路を舗装する	113
pavement	舗装道路、車道	113
pay	〜を支払う	25、69
pay	報酬、給与	59
pay a fine	罰金を払う	131
pedestrian	歩行者	113
pending	未決の、未解決の、保留の	87
pending matter	懸案	87
pension plan	年金制度	65
per 〜	〜につき、〜ごとに	55
perform experiments on 〜	〜の実験をする	145
performance review	業績評価	133

English	Japanese	Page
permanent employee	正社員	43
permanent employment	終身雇用	43
permit	（公的に）〜を許可する	147
permit A to do	Aが〜することを許可する	147
personal	個人の、（手紙などの）親展	39
personal belongings	所持品、私物	39
personal history	履歴、自分史	39
personal history	履歴書	137
personal information	個人情報	39
perspective	視点、見方、展望	47
pharmaceutical	薬剤の、薬学の	119
pharmaceutical company	製薬会社	119
pharmacist	薬剤師	119
pharmacy	製薬、薬学、薬局、薬屋	119
physician	内科医	107
pick up	〜を（車で）迎えに行く、〜を拾い上げる	29
place (an) emphasis on 〜	〜を強調する	199
plant worker	工場労働者	41
play a role in 〜	〜において役割を果たす	161
play the leading part	主役を演じる	185
Please be advised that 〜	〜であることを通知します	111
Please convey my best [kindest] regards to 〜	〜によろしくお伝え下さい	155
Please give my best [kindest] regards to 〜	〜によろしくお伝え下さい	155
Please note that 〜	〜に注意してください、注目してください	151
pneumonia	肺炎	81
polite	礼儀正しい、丁寧な	161
pollen	花粉	173
pollute	〜を汚染する	37
pollution	汚染	37
portion	部分、一部、（複数名で分けた）分け前、（食事の）一人前	77
position	職、地位	59
postage	郵便料金	181
postage free	送料無料（で）	181
postpone	〜を延期する	63
postpone doing	〜することを延期する	79
potential customer	見込み客	47
power bill	電気料金	127
practical	実用的な、現実的な、実質的な	135
practical unanimous	ほぼ満場一致の	135
precaution	予防策、用心、警戒	83

precious	貴重な、高価な、大切な	189
predictable	予測できる	189
prefer A to B	B より A を好む、好きである	143
preference	優先、選択	143
pregnancy	妊娠、妊娠期間	155
pregnant	妊娠中の	155
pregnant woman	妊婦、妊娠した女性	155
preliminary	予備の；予選、準備段階	135
preliminary survey	予備調査	135
preliminary treaty	予備協定	135
preparation	準備	69
preparatory	準備の、予備の	69
preparatory school	予備校	65
prepare	用意する、準備をする	69
prepare for ~	~の準備をする	11
prescribe medicine	薬を処方する	69
prescription	処方せん	69
presentation ceremony	贈呈式	191
preservation	保存、保護、予防	69
preserve	保つ、保存する	69
preside	取り仕切る、議長を務める、主宰する	83
press conference	記者会見	27
prestigious	栄誉ある、名声のある、有名な	179
prevailing	広く行き渡っている、一般的な、優勢な	119
prevent	~を防ぐ、阻止する、予防する	83
prevent A from doing	A が~するのを妨げる	83、91
prevention	阻止、防止、予防、予防策	83
previous	以前の、前の	17、189
previous engagement	先約	189
previously	今まで、以前	107
primary school	小学校	65
principal	元本、元金、校長；主な、主要な	43、71
principal actor	主演俳優	71
privileged	特権を与えられた、特権のある	119
prize	賞、賞品、賞金	57、73
probable	ありそうな、起こりそうな	183
probably	おそらく、たぶん	183
procedure	手順、手続き	59
proceed to ~	~に進む、~に着手する	91
proceed to do	~し始める、続けて~する	91
proceed with ~	~を続ける	91
process	過程、手順、経過	175

INDEX

procure	〜を調達する、仕入れる	133、191
procure A from B	A を B から調達する	133
procurement	（必需品・商品などの）調達、仕入れ	133、191
produce	〜を生産する、製造する；生産量	175
productivity	生産性	131
profit	利益、利益を得る	131
profit	収益	77
profit from 〜	〜からの利益；〜から利益を得る	131
profitability	収益性、利益性	131
profitable	利益を生み出せる、有益な	131
profitable discussion	有益な議論	131
progress	進行、前進、進歩	87
prohibit	禁止する	91、133
prohibit A from doing	A が〜するのを禁止する	91、133
prohibition	禁止	133
promotion	昇進、昇格、促進、宣伝	133
prompt	迅速な、機敏な、即座の	175
promptly	迅速に、すぐに、即座に	175
proper	適切な	163
properly	適切に	163
property	不動産、地所、財産、所有権、特性	175
property developer	不動産開発業者	175
proposal for 〜	〜の提案、提案書	101
propose	〜を提案する	63
prospective	予想される、見込みのある、期待される	47
prospective customer	見込み客	47
prospects	見込み、可能性	175
provide B to A	A（人）に B（物）を与える	91
provide A with B	A（人）に B（物）を与える	91
public announcement	公示	107
public hall	公会堂	193
public opinion	世論	107
public relations	広報、宣伝活動	5、107
public transportation	公共交通機関	15
publicity campaign	広報活動、宣伝活動	195
punctual	時間を厳守する、時間通りの	135
punctuality	時間厳守	135
purchase	購入品、買い物	129
purpose	目的、目標	41
pursue research	研究を行う	47
put (an) emphasis on 〜	〜を強調する	199
put forth 〜	（意見・考えなどを）出す、提案する	195

put off	～を延期する	63
put off doing	～することを延期する	79
put on	～を身につける、着る、～を増す、（劇などを）上演する	47、101
put one's signature	署名する	21
put through	（法案などを）通過させる	101
put A through to B	Aの電話をBにつなぐ	101
put together	（考えなどを）まとめる、組み立てる、寄せ集める	101

Q

qualification	資格、資格証明書、技能、素質	71
quality	質	109
quantity	量	109
quarter	4分の1、四半期	17
quarterly	四半期の、年4回の；3ヵ月ごとに	17
question	問題、質問	71
questionnaire	アンケート、質問事項	71
quota	割当て量・額、割当て	109

R

range	範囲、領域、（商品の）品揃え	145
rash	吹き出物	167
reach	～に到着する	21
reach a compromise	妥協案に至る、折衷案に至る	81
reach our destination	目的地に到着する	21
reach the conclusion that ～	～という結論に達する	199
reading habits	読書の習慣	71
reason	道理、理にかなうこと、理由、原因	51
reasonable	（人が）分別のある、（値段などが）手頃な、妥当な	51
reasonably	合理的に、道理にかなって	51
recall	～を思い出す、（不良品などを）回収する	61
receive an order	受注する、注文を受ける	19
receive bribes	賄賂を受け取る、収賄する	203
receiver	受話器	167
recently	最近	201
reception	接待、もてなし、宴会	103
receptionist	受付係	103
recession	（一時的な）景気後退、不景気、不況	43
recipe	レシピ、料理の作り方	143
recipe for ～	～の作り方	197
recognition	認識、評価	57
recognize	認識する、認める、評価する	57

INDEX

recollect	回想する、思い出す	113
recollection	思い出すこと、回想	113
recommend	推薦する、勧める	23
recommend A to B	AをBに勧める	23
recommend doing	〜することを勧める	23
recommend that 〜	〜することを勧める	23
recommendation	推薦、推薦状	23
reconfirm one's reservation	予約を再確認する	75
reduction	減少	7
refer to	〜を参照する、〜に問い合わせる、言及する	61
reference	参照、参考、出典、言及	61
reflect on 〜	〜を熟考する	47
refreshment	元気回復	135
refreshments	軽食	135
refugee	難民	23
regard A as B	AをBとみなす、考える	179
regarding 〜	〜に関して	45
regardless of 〜	〜にもかかわらず	5、45
region	地方、地域	149
regional	地方の	149
regional election	地方選挙	149
register	登録する、履修登録する	151
registered mail	書留郵便	91
registration	登録、履修登録	151
regret	後悔する、残念に思う	179
regret doing	〜したことを後悔する	179
regret to do	残念ながら〜しなければならない	179
regulate	規制する、統制する、調整する	179
regulation	規制、統制、調整	179
regulations	規則、規定	179
reimburse	返済する	191
reimbursement	(経費などの) 返済、払い戻し	191
reject	(提案・申し出などを) 拒絶する	61
rejection	拒絶、却下	61
relative	親戚	79
release	公表する、発表する；発表	135
relocate	〜を転勤させる、移住させる、配置換えする	59、151
relocation	転勤、再配置、移住	59、151
remember doing	〜したのを覚えている	99
remember to do	〜することを覚えている、忘れないで〜する	99
Remember to do	忘れずに〜しなさい	187
remind A of B	A (人) にBのことを気づかせる、思い出させる	99

remind A to do	Aに〜することを気づかせる	99
reminder	お知らせ、督促状	57
remit	送金する	159
remittance	送金	159
remuneration	報酬、給与	59
renovate	改装する、修理する、リフォームする	113
renovation	（古い建物・家具などの）階層、修理、修復	113
rent	家賃	93
repair	〜を修理する、修繕する	23
repeat	繰り返す、反復する	113
repeatedly	何度も	59
repetition	繰り返し、反復	113
replace A with B	AをBと取り替える	67
replacement	置き換え、復職	67
reply to 〜	〜に返信する	31
represent	〜を表す、意味する、代理する	67
representative	代表、代表者、代理人	103
reputation	評判	103
require	要求する	57
requirement	要求、必要条件	57
requirements	必需品	57
reschedule	（会議・約束などの）予定を変更する	23
reschedule A for B	Aの予定をBに変更する	23
research	研究	125
research and development	研究開発（R&D）	125
resemble 〜	〜に似ている	49
reservation	（ホテル・飛行機・座席などの）予約	75
reserve	〜を予約する	75、97
resign	（地位・職などを）辞職する、辞任する	151
resignation	辞職、辞任	151
respectful	礼儀正しい、丁寧な	161
respective	それぞれの、各自の	47
respectively	それぞれ、各々で	47
respond to 〜	〜に返事をする、回答する、反応する	63、145
response	返信、反応	63
response to 〜	〜への返答、回答、反応	145
restroom	洗面所、トイレ	125
restoration	復旧、回復、復興	59
result	結果	189
résumé	履歴書	137
retail	小売、小売の、小売する	189
retail price	小売価格	189

retail shop	小売店	189
retailer	小売店、小売業者	189
retain	保つ、保有する	77
return envelope	返信用封筒	67
revenue	収益	77
reward	報酬、給与	59、73
right away	すぐに、ただちに	35、153
right now	現在のところ	9
rising rate	金利上昇	71
round-trip	往復の、往復用の	177
round-trip ticket	往復切符	177
rules and regulations	規則、規定	45
run	立候補する	149
run for ～	～に立候補する	149
run for mayor	市長に立候補する	149
A run out of B	AはBを切らしてしまう	121

S

sales figures	売上高、販売数量	131
sales promotion	販売促進活動	133
sales representatives	営業担当者	103
sales tax	売上税	39
satisfaction	満足、満足感	53
satisfactory	満足な、満足できる	53
satisfy	～を満足させる、(必要・目的などを) 満たす	53、61
satisfying	(人を) 満足させるような	53
savings account	普通預金口座	19
Say hello to ～	～によろしくお伝え下さい	155
scholarship	奨学金	73
secretary	秘書	169
section chief	課長	31
securities company	証券会社	189
securities corporation	証券会社	189
security	安全、保障、防衛	13
security company	警備会社	13
security deposit	敷金	69
security measure	安全対策	13
see if	～かどうか確かめる	45
see ～ off	～を見送る	183
seek to do	～しよと努める	119
select	(多くのものから) 選び出す、選択する	41、85

selection	選択、厳選品、品揃え	41、85
self-addressed envelope	返信用封筒	67
self-addressed, stamped envelope		
	切手を貼った返信用封筒	67
senior	4年生	195
sense	五感、感覚、認識力、良識	115
sensible	分別のある、賢明な	115
sensitive	敏感な、感じやすい	115
sensitive skin	敏感肌	115
sensitivity	敏感さ、感受性	115
serve	食事を出す、接客する	41
settle	（問題などを）解決する	41
share	（均等に）〜を分ける、分け前、割当て量・額、割当て、市場占有率、株、株式	55、71、109、183
shareholder	株主	183
shift	変化、変更、（交代制の）勤務時間	183
shift A from B to C	AをBからCに移す、変える	183
ship	（貨物などを）輸送する、配送する、送る	183
shipment	発送品、発送	183
shortly	まもなく、すぐに、少し	183
shortly after 〜	〜の直後に	183
shortly before 〜	〜の直前に	183
show up	姿を見せる	29
shrine	神社	175
sidewalk	（舗装された）歩道	113
sight	光景、視界、見ること	21
sign	記号、符号、標識；サインする、署名する	21
sign a contract	契約書にサインする・調印する	177
sign an agreement	契約書にサインする・調印する	177
sign up for 〜	〜に申し込む	21、151
signature	署名、サイン	21
significantly	かなり、ずいぶん	107
sincerely	誠実に、心から	175
Sincerely (yours)	敬具	175
skin	肌	167
small change	小銭、両替	121
small check	小口小切手	121
soon	まもなく、すぐに、少し	183
sophomore	2年生	195
souvenir	お土産	99
special	特別な	89
special delivery	速達郵便	91

INDEX

specifications	（機械などの）仕様書、明細事項	195
specify	〜を仕様書に記載する、明細に述べる、規定する、明記する	195
speed limit	制限速度	121
spouse	配偶者	23
staff	スタッフ、社員	25
state	はっきり述べる、詳細に述べる	191
statement	明細書、説明書、発言、意見、声明	191
still	まだ	175
stock	株、株式、在庫	71、73
stock	株、株式	55
stop at 〜	〜に立ち寄る	79
strategy	戦略	53
strike	ストライキ、スト	193
study abroad	留学する	97
subjective	主観的な	41
subjectivity	主観性	41
submission	提出	31
submit	〜を提出する	31
subordinate	部下	49
subscribe to 〜	〜を定期購読する	25
subscriber	購読者	25
subscription	予約購読料、購読	25
subsidiary	子会社	89
subsidize	〜に助成金を与える、補助金を与える	197
subsidized project	助成プロジェクト	197
subsidy	助成金、補助金	197
substantially	おおむね	201
substitute A for B	Bの代わりにAを用いる	197
substitution	代用	197
subtract A from B	AをBから引く	197
subtraction	引くこと、引き算	197
succeed in 〜	〜に成功する	5
success	成功	5
successful	成功した	5
successfully	首尾よく、うまく	5
suffer from 〜	〜に苦しむ	81
suitable for [to] 〜	〜に向いている、適している	141、165
summarize	〜を要約する	187
summary	要約、概略	187
supervisor	上司、監督者	49
supplementary	補助の	125
surcharge	追加料金	159

surgeon	外科医	107
surplus	黒字、余剰金、超過	35
suspend	（機能などを）一時停止する、一時中断する	125
syllabus	シラバス、（講義などの）概要	151

T

take a break	休憩する	57
take a day off	1日休暇をとる	111
take A into account	Aを考慮する	105
take A into consideration	Aを考慮する	105
take a meal	ご飯を食べる、食事をする	57
take a message	伝言を受ける	95
take a nap	うたた寝する、仮眠を取る	57
take a rest	休憩する	57
take advantage of ～	～を利用する	49
take after ～	～に似ている	49
take bribes	賄賂を受け取る、収賄する	203
take care of ～	～の面倒をみる、世話をする	49
take drastic measures	抜本的な対策を講じる	43
take effect	（法律・規則などが）発効する	43
take measures	対策を講じる	43
take out a mortgage	住宅ローンを借りる	33
take part in ～	～に参加する	145、193
take place	（会などが）開催される、行われる	111
take turns	交替でする	43
tap on one's shoulder	肩をポンとたたく	87
tax	税、税額	159
tax office	税務署	123
tax officer	税務署員	123
telephone bill	電話料金	127
temperature	温度、気温	149
temporarily	一時的に、臨時に	125
temporary	一時的な、臨時の、仮の	43、125
temporary employee	派遣社員	43
temporary housing	仮設住宅	125
tentative	仮の、試験的な	79
tentative plan	試案	79
term	学期、期間	33
term paper	学期末レポート	33
terminate	～を終結させる、終わる、集結する	149
termination	終了、終結	149
terms	条件、専門用語	33

INDEX

the above	上記のこと、上に述べたこと	79
the accounting department	経理部	7
the administration	経営陣	139
the apparel industry	アパレル産業	127
the authorities	当局	187
the authorities concerned	関係当局	187
the board of directors	取締役会、理事会	123
the board of education	教育委員会	123
the candidates for president	大統領候補、社長候補	149
the coming	次の	77
the coming fiscal year	次の会計年度、来年度	77
the Constitution	合衆国憲法	195
the current issue	（雑誌などの）最新号	17
the existing law	現行の法律	39
the Federal Bureau of Investigation	連邦捜査局（FBI）	13
the finance department	経理部、財務部	7
the following 〜	以下の〜、次の〜	105
the following	下記のこと、次に述べること	79、105
the handicapped	障害者	131
the human resources department	人事部	133
the latest	最新の	17
the latest issue	（雑誌などの）最新号	17
the person in charge	担当者、責任者	31
the personnel department	人事部	133
the preservation of 〜	〜の保存、保護、予防	115
the privileged classes	特権階級	119
the restoration of 〜	〜の修復工事、〜を修復すること	175
the sales manager	営業部長	169
the sales strategy meeting	販売戦略会議	159
the tourist board	観光局	123
therefore	それゆえ、従って、その結果	165
thermometer	温度計	149
these days	最近	201
This is a reminder that	〜であることをお知らせ致します	57
This is to remind that	〜であることをお知らせ致します	57
though 〜	〜であるが	5
though	しかしながら	5
throw away	〜を捨てる	153
throw out	〜を捨てる	153
tie	（ネクタイ、紐などを）結ぶ、つなぐ、結び付ける、縛る	147

tight	（スケジュールが）詰まった、（服が）きつい	27
tight schedule	過密スケジュール	27
tilt	（首を）かしげる、傾ける	147
time after time	何度も	59
to be accurate	正確に言えば	185
To whom it may concern	関係者各位	33
toll-free	通話料金無料の	63
toll-free call	フリーダイヤル通話、無料電話	63
tough	難しい、頑丈な、丈夫な	27
tourist attraction	観光名所	123
tourist industry	旅行業界	123
tourist office	観光案内所	123
tourist ticket	周遊券	123
tow	（車などを）牽引する、レッカー移動する	147
trade barrier	貿易障壁	35
trade deficit	貿易赤字	35
trade surplus	貿易黒字	35
traffic backup	交通渋滞	5
traffic jam	交通渋滞	5
traffic light	信号機	113
traffic sign	道路標識、交通標識	21
transaction	取引	203
transfer	乗り換える、～を移す、異動させる	31
transfer money	送金する、振り込む	19
transit	別便への乗り換え	203
transit passenger	乗り継ぎ客	203
transit strike	航空会社のストライキ	89
transit time	乗り継ぎの待ち時間	203
transition	推移、変遷、過渡期	203
translate	翻訳する	15
translation	翻訳	15
translator	翻訳家	15
transmission	伝達、送信	15
transmit	～を伝達する、送信する	15
transparency	透明性	203
transparent	透明な	203
transport	運ぶ	15
transportation	輸送、輸送機関	15
trash	ごみ、くず	153
trash can	ごみ箱	153
travel agency	旅行代理店	123
travel agent	旅行業者	123

INDEX

travel bureau	旅行案内所	13
travel expenses	旅費	123
treatment	治療、処置、取り扱い	13
trip	旅、旅行	11
try to do	〜しようと努める	119
tsunami warning	津波警報	153
tuition	(大学などの) 授業料	165
turn down	〜(音量などを) 下げる、小さくする、(申し出などを) 断わる	101
turn off	(電源などを) 消す、(水・ガスなどを) 止める	101
turn on	(電源などを) つける、(水・ガスなどを) 出す	101
turn up	姿を見せる	29
tution fee	(大学などの) 授業料	159
typhoon	台風	31

u

ultimate	最終的な、究極の	65
ultimately	最終的に、結局	65
unanimous	満場一致の	65
unanimously	満場一致で	65
unburnable	不燃性のもの；不燃性の	153
under consideration	検討中で	105
under warranty	保証期間中である	13
undergo	(検査・治療などを) 受ける、(苦しみなどを) 経験する	117
undergraduate students	(大学院生に対して) 学部の学生	141
unemployment	失業、失業率	67
unfair dismissal	不当解雇	203
up-to-date	最新の	93
upcoming	近づいている、近々予定されている	107
urgent matter	緊急事項	87
utilities	(電気、ガス、水道などの) 公共料金、公共施設、(水道、ガスなどの) 公益事業、役に立つもの	127、187
utility	有用、実用性	187
utility company	公益事業会社、電力会社	127

v

vacancy	空き	45
vacant	空の、空席の	45
valid	有効な	171
valuable	貴重な、高価な、大切な	51、189

English	Japanese	Page
varied	多様な、異なった	145
various	様々な	143
vary	変化する、変動する、異なる	159
vehicle	乗り物、車、伝達手段、媒体	151
vending machine	自動販売機	59、151
vendor	納入業者、行商人、自動販売機	151
venue	会場、開催地	151
venue for 〜	〜の開催地	151
viewing habits	視聴の習慣	71
violate	違反する	45
violation	違反	45
vision	視点	5
vital	きわめて重要な	5
vitamin	ビタミン	77
vocation	職業	45
vocational	職業上の	45
void	無効な	171
void contract	無効な契約	171
voucher	領収書	129
voucher for moving expense	転居費の領収書	129

W

English	Japanese	Page
waive	（規則などの）適用を控える、（権利・請求権など）を放棄する	129
warning	警報、警告	153
warrant	（品質などを）保証する	129
warranty	保証書、保証	13
warranty on	〜の保証、保証書	13
water	水やりする、給水する	57
wear	身につけている、着ている	47
weather bureau	（米国の）気象局	13
weather forecast	天気予報	13
weather information	天気予報	13
weather report	天気予報	13
weather satellite	気象衛星	13
wedding ceremony	結婚式	191
weekend	週末	99
weekly	毎週、週に1回	175
welcome ceremony	歓迎式典	191
welcome party	歓迎会	111
What do you say to 〜?	〜はいかがですか	127

what is more	その上、さらに	165
with accuracy	正確に	185
with practical unanimity	ほぼ満場一致で	135
with reference to ~	~に関して	45
with reference to ~	~に関して	69
with regard to ~	~に関して	45
with the exception of ~	~を除いて	39
with the expectation of ~	~を期待して	161
withdraw	（預金を）引き出す、（約束などを）撤回する	129
without permission	許可なく、無断で	147
work	（機械などが）機能する、作動する	29
work as ~	~として働く	29
work at ~	~に勤める	29
work experience	職歴	137
work for ~	~に勤める	29
work on ~	（課題・問題などに）取り組む	29
work out	運動する、トレーニングする、やり遂げる、（問題などを）解く	141
working experience	職歴	137
workload	仕事量	141
workout	運動、トレーニング	141
workshop	研修会、講習会	141
Would you mind doing ?	~していただけますか	79
write one's signature	署名する	21
written notice	文書・書面による通知	147

Y

Yours sincerely	敬具	175

| | 著作権法上、無断複写・複製は禁じられています。 |

クイズで攻略TOEIC® テストボキャブラリー		[B-658]
1 刷	2009年11月24日	
6 刷	2022年 4月 1日	
著 者	岡裏　佳幸 Yoshiyuki Okaura 岡裏　浩美 Hiromi Okaura	
発行者 発行所	南雲　一範　Kazunori Nagumo 株式会社　南雲堂 〒162-0801　東京都新宿区山吹町361 NAN'UN-DO Publishing Co., Ltd. 361 Yamabuki-cho, Shinjuku-ku, Tokyo 162-0801, Japan 振替口座 : 00160-0-46863 TEL: 03-3268-2311（代表）／FAX: 03-3269-2486 編集者　TA	
製　版	泉　佳子	
印刷所	日本ハイコム株式会社	
装　丁	Nスタジオ	
検　印	省　略	
コード	ISBN 978-4-523-17658-9　C0082	

Printed in Japan

E-mail　nanundo@post.email.ne.jp
URL　https://www.nanun-do.co.jp